평범한 사람이 된 이유

contents

글을 쓰는 이유

행복한 달 05 · 순간들 09 · 맨발 11 · 미리의 숲 13 · 눈사람 15
고래와 새 17 · 반쪽짜리 만두 이야기 21 · 미래 23 · 85년 후 27

날개 33 · 오늘 35 · 영업 종료 37 · 길 39 · 대기실 43
같은 공간 45 · 칼국수 47 · 현재 51 · 거북이 밥 55

숨 59 · 귀신 61 · 김밥과 지우개 65 · 불타는 산 69 · 스틱스 71
문 75 · Bubbles 79 · 소녀 83 · 바다발자국 85

무지개 비둘기 89 · 젖은 삼단 우산 93 · 숲 97 · 파도 99
별 101 · 미세스 정 105 · 가수 109 · 이후 113 · 도마 115 · 집 117

contents

평범한 사람이 된 이유 123 · 비상구 127
타코 129 · 시작과 끝 133 · 벌레 137

사일러스와 비누 141 · 선택 145
알 147 · 대화 151 · 물 155

무아의 세상 161 · 보라 165 · 여자와 구름 169
버스 욕조 171 · 꿈 173 · 극 177

식물의 도시 182 · 돌멩이의 도시 187 · 산책의 도시 191
물과 땅의 도시 195 · 틀 199 · 틈 207

작가의 말

글을 쓰는 이유

이 글은 어디로 가지 않는다. 멋지고 두꺼운 책에 인쇄될 일도, 영원의 도서실에 저장될 일도 없다. 잠시 이 가상 공간에 올려져 손에 꼽히는 사람들 눈에 비쳤다 그들의 의식을 휙 지나 곧 잊힐 것이다. 그런데도 내가 글을 쓰는 이유는 이 밤의 고요가 내 손을 움직이기 때문이다. 순간의 생각이 잠 대신 종이와 펜을 찾게 하기 때문이다. 어차피 모든 건 재가 되어 사라질 테지만 잠시나마 내 공책에 박제된 생각과 단어들은 탄생을 맞고 살아가게 된다. 밤은 지나 아침이 되고, 아침이 되면 나는 다른 사람이 되어있어도 이 글은 이미 저 나름의 자아를 갖고 세상을 사랑하고 있을 거다.

행복한 달
순간들
맨발
미리의 숲
눈사람
고래와 새
반쪽짜리 만두 이야기
미래
85년 후

jusst.moment

행복한 달

「 "행복한 달" 클럽으로 와. 주차는 그 옆 슈퍼에 하면 돼. 」

●○○○◐◖●

키온이 보낸 문자를 보고 퍽 반가웠다. 키온을 마지막으로 본 건 꽤 오래전이었는데 오늘 밤 드디어 우리가 옛날에 자주 하던 대로 재즈클럽에서 만나기로 했다. 장소는 키온이 정하기로 했는데 밤이 늦도록 연락이 없어서 오늘 만나는 줄 모르고 마침 빨래를 돌리던 참이었다. 시간을 보니 밤 9시 반이 되어갔는데 지도 앱은 그곳까지 무려 한 시간이 걸린다고 얘기하고 있었다. 키온은 이미 도착해 술을 마시고 있을 텐데 지금 준비하고 가도 너무 기다리게 할 것 같았다.

「조금 늦을 것 같아. 한 시간 정도? 기다릴 수 있겠어 아님 다음에 더 일찍 만날까?」

기다렸지만 키온은 답이 없었다. 키온은 늘 답장이 느렸다. 그래도 혹시나 하는 마음에 옷을 챙겨 입기 시작했다. 키온을 오랜만에 만난다고 생각하니 괜히 설레었다.

「나는 먼저 와서 마시고 있어. 천천히 와.」

나는 한시라도 키온과 보내는 시간을 잃는 게 싫어서 급하게 옷을 마저 입고 나갈 준비를 했다.

차가 드문드문 있는 고속도로를 시원하게 달렸다. 그믐달이 커다랗게 하늘 한쪽을 차지하고 있었고 스피커에선 잔잔한 시티팝이 흘러나왔다. 푸르스름한 밤하늘엔 구름 한 점 없이 별들이 박혀 있었다. 도착지까지 20여 분이 남았지만 완벽한 분위기에 시간이 가지 않았으면 하는 생각도 잠시 했다.

키온은 벌써 올드 패션드 두 잔은 마시고 있겠지. 여전히 동안일까? 머리는 길까 짧을까?

키 큰 야자나무들이 옆으로 경쾌하게 지나갔다. 도시의 불빛들이 춤을 추며 일렁거렸다. 한참을 달렸지만, 도착지까지는 여전히 20여 분이 남았다. 끝이 없는 도로를 달리며 반복되는 노랠 흥얼거리며 난 행복한 달로 향하고 또 향했다.

jusst.moment

순간들

#1

하늘은 청명했다. 발밑엔 구름과 울긋불긋 색이 변하기 시작한 숲이 있었고, 새벽 산 공기는 적당히 차가웠다. 노은은 보온병에 담아온 따뜻한 우롱차를 한 모금 마셨고 그 순간 모든 게 완벽했다. 애초에 이곳에 올라오게 만든 이유도 기억나지 않았다.

#2

희진은 오랜만에 밖에 나가 산뜻하게 머릴 잘랐다. 그리고 볕이 잘 드는 카페에 앉아 커피 한 잔과 에그 타르트를 먹었다. 갓 구운 타르트가 입안에서 바사삭 부서지는 소리에 근심이 사라졌다. 시간은 느리지만 차곡차곡 흘렀고, 희진은 몸을 길게 늘어뜨리고 햇빛과 공기를 온몸으로 흡수했다.

#3

노은과 희진은 서로를 옆에 두고 배가 아프도록 웃었다. 노을 지는 도시가 내려다보이는 발코니에서 둘은 옛날얘기로 밤을 새울 기세였다. 손에 든 맥주캔이 가벼워질수록 어둠도 깊어졌다. 길게 이어진 수다 끝에 침묵이 찾아왔지만 둘은 각자의 침묵 속에서도 외롭지 않았다. 먼 훗날에도 둘은 이 순간의 사느란 바람을 기억할 것이다.

jusst.moment

맨발

오늘은 느긋하게 잠에서 깨야지. 해가 중천에 뜰 때까지 한 번도 안 깨고 푹 잘 거야. 그리고 햇살이 발가락을 간지럽힐 때쯤 스르륵 눈이 저절로 떠지는 거야. 방 가득 은은한 햇빛이 가득 차 있어도 눈부시지 않고, 온도도 적당히 포근할 거야. 이불은 여전히 부드럽게 몸에 감겨있고 베개도 푹신해. 머리는 맑고 어디 하나 결리는 곳 없이 아주 잘 잤어. 쭈욱 팔을 위로 뻗고 다리를 길게 늘여 기지개를 켠 뒤 숨을 크게 내쉬면 몸이 누글누글 풀어져. 오늘은 해야 할 일도, 만나야 할 사람도 없어. 생각만 해도 미소가 지어져. 빈둥빈둥 아 정말 좋다! 조금만 더 이러고 있다가 슬슬 산책하러 나가야지. 초록 잔디 냄새 맡으며 공원을 거닐 거야. 오늘은 음악 대신 새소리랑 풀벌레 소리를 들어볼까 봐. 배가 고파지면 카페에 들러서 커피랑 따끈따끈한 빵도 사야겠다.

나는 침대에 누운 채 눈이 다시 감긴 것도 모르고 맨발로 동네 한 바퀴를 누빈다.

미리의 숲

미리가 어렸을 때 분명 숲은 더 화려했다. 넓은 잎 사이를 비집고 내리쬐는 강렬한 햇살은 모든 걸 선명하게 만들었고, 화사한 꽃들은 서로 더 좋은 자릴 차지하기 위해 다퉜다. 색들은 자기주장이 강했고, 뚜렷한 대비는 그 자체로 에너지였다. 앵무새들이 쉴 새 없이 떠들다가도 가끔 보이지 않는 맹수 울음소리에 조용해지기도 했다.

지금의 숲은 차분해졌다. 잔잔하고 작아졌다. 색의 다양성이 줄어들어 얼핏 다 비슷해 보여도 자세히 보면 채도는 각기 달랐다. 같아 보이는 잎사귀들도 말려 있는 것, 끄트머리가 갈라진 것 등 섬세함이 존재했다. 앵무새나 맹수 대신 풀벌레와 멀리서 다가오는 폭풍우 소리가 들렸다.

가끔 예전의 화려하던 숲이 그리울 때도 있었지만 미리는 지금의 숲도 좋다. 요즘은 가끔 꽃이 피면 그 색과 모양을 오래 기억하게 됐다.

눈사람

추운 날은 역시 집 밖을 나가면 안 되는 거였다고 투덜대며 새하얀 눈밭을 걸어갔다. 그러다 눈 속에 파묻힌 회색 장갑 하나를 발견했다. 주변을 둘러봐도 장갑의 짝은 없었다. 그냥 지나치려다 왠지 버려진 모습이 안타까워 장갑을 주웠다. 잘 보이는 곳에 두면 혹시나 주인이 찾아갈까 싶어 근처 담 위에 두려다 마침 어떤 꼬맹이가 만들어 놓은 눈사람이 눈에 띄었다. 몸통 위에 회색 장갑을 올려놓자 눈사람에게 손이 한쪽 생긴 것 같이 보였다. 한 손을 들어 인사하는 눈사람의 모습에 미소를 짓게 되었다.

돌아오는 길이 추운데도 일부러 눈사람이 있는 길로 돌아왔다. 아까 놔뒀던 장갑이 여전히 있는지 확인하고 싶었기 때문이었다. 반가운 눈사람은 여전히 자리를 지키고 있었다. 그런데 보아하니 누군가가 내가 둔 회색 장갑 반대편에 장갑 하나를 더 얹어 놓은 것이었다. 회색 장갑보다 작은 빨간 손모아장갑이었다. 덕분에 눈사람은 꼭 팔을 벌리고 있는 것 같았다. 어두운 밤 팔을 벌리고 나를 기다린 눈사람을 마음으로 꼬옥 안아주었다. 그리고 내일 나처럼 눈사람이 있는 길로 일부러 돌아올 장갑 주인을 위해 날씨가 계속 춥기를 소망했다.

jusst.moment

고래와 새

달이 맑은 밤에 고래는 조용히 수면 위로 올라왔다. 늦은 밤에도 와글거리는 바닷속과 달리 밖은 조용하고 밝았다. 고래가 숨을 돌리며 물을 뿜고 있을 때 붉은눈갈매기 한 마리가 날아와 고래의 머리 위에 앉았다.

"너는 왜 안 자고 이 시간에 날아다녀?"

고래가 물었다.

"나는 야행성이야. 그러는 너는 왜 이 밤에 여기까지 나와서 한숨을 쉬어?"

고래는 잠시 생각에 잠겼다.

"글쎄. 저 안이 너무 시끄러워서."

갈매기는 다 이해한다는 듯 고개를 끄덕이더니 젖은 깃털을 정리했다. 갈매기는 말을 잇지 않았고 고래도 나지막하게 숨을 쉴 뿐이었다. 고래는 갈매기의 침묵이 좋았다. 보이진 않았지만, 갈매기도 저와 같이 밝은 달을 보고 있는 것 같았다.

오랜 시간 후 갈매기는 다시 날개를 폈다.

"이제 난 가볼게."

"그래?"

고래는 내심 아쉬웠지만, 어두운 바닷속을 응시할 뿐이었다. 갈매기는 빠르게 깃털을 털며 날아갈 준비를 했다.

"아마 난 내일도 여기로 올 거야."

떠나기 전 갈매기가 말했다.

갈매기의 말에 고래는 기쁜 듯 지느러미로 잔잔한 물살을 만들었다. 고래의 배웅에 갈매기는 가볍게 총총 뛰어 날아올랐다. 고래는 갈매기가 사라진 하늘에 떠 있는 큰곰자리를 한참을 바라봤다.

고래가 다시 물속으로 돌아왔을 때 여전히 그곳은 복작복작 시끄러웠다. 하지만 고래의 마음에는 고요한 밤하늘이 떠 있었다.

jusst.moment

반쪽짜리 만두 이야기

만두는 다른 만두 친구들이 부러웠다. 안에 뭐가 들었는지 그들은 실하고, 통통해서 보기도 좋았고, 자신감 넘쳐 보였다. 그런 멋진 친구들 곁에 조금이라도 있어 보고자 만두는 자기 속을 퍼줬다. 하지만 처음엔 고마워하던 친구들도 받기만 할 뿐 만두에게 속을 내어주지는 않았다. 시간이 지날수록 만두는 점점 홀쭉해져서 속이 반밖에 남지 않았다.

그제야 만두는 깨달았다. 자기 안에 남은 속을 아끼지 않으면 사라져 버릴지도 모른다는 것을. 그동안 그 소중한 걸 마구 퍼 준 자신이 한심했지만 남은 몫이라도 아껴줘야겠다고 생각했다.

별것도 없어 보이는데 자기를 소중히 대하는 만두를 보고 다른 만두들이 다가오기 시작했다. 그 비밀이 뭔지 알고 싶어 했고, 친해지고 싶어 했다. 어떤 만두는 자기 속을 퍼주고 싶어 했다. 하지만 만두는 예전의 사기처럼 막무가내로 피주는 속을 받지 않았다. 마음만 고맙게 받았다. 그 마음 덕분인지 만두는 속이 꽉 찬 느낌이 들었다. 비록 반쪽짜리 만두였지만.

미래

미래는 순간 깨달았다. 지금, 이 순간이 자기 인생의 하이라이트라는 것을. 인생이 잠깐 타고 사그라드는 불꽃이라면 지금이 가장 화려하게 불타는 순간이라고. 이 순간 이후엔 모든 게 칙칙한 잿빛에 묻혀버릴 테지만 평생 복기만 해도 황홀할 순간이 바로, 이 순간이라고!

그런 생각이 들자마자 불꽃은 빠르게 사그라들었다. 미래는 갑자기 입을 다물었고, 고개를 떨구었다. 바로 옆에 있던 제시만이 그걸 알아차렸다.

"왜 그래? 뭐가 잘못됐어?"

제시가 걱정스러운 목소리로 물었다.

"아니... 좀 취했나 봐."

"물 갖다줄까?"

"아냐. 괜찮아."

"좀 앉아있을래?"

제시는 미래를 구석에 있는 화단으로 이끌었다. 왁자지껄한 파티의 중심에서 벗어나니 조금 살 것 같았다. 미래는 화단에 걸터앉았고, 제시도 그 옆에 앉았다.

"제시, 가끔 이게 다란 생각이 들면 무서워지지 않아? 아등바등하며 살아도 결국 먹고, 마시고, 잠자는 일만 반복하다 늙어 병들어 죽는 거. 아무런 변화도 이루어내지 못하고, 공기만 낭비하고, 환경만 파괴하다 죽는 삶."

제시는 샴페인 잔을 만지작거리며 하늘을 올려다봤다. 파티가 정점에 다다랐는지 누군가가 수영장 옆에서 펑펑 폭죽을 터뜨리고 있었다.

"인생이 그렇지, 뭐. 그렇게 살면 잘 살았다고 하잖아, 보통."

미래의 눈은 번쩍이다가 밤에 삼켜지는 불꽃을 쫓았다.

"그게 다 무슨 소용일까? 자국도 안 남는데."

미래를 살피던 제시의 심각한 표정이 파도에 부서지는 모래성처럼 흐트러졌다.

"나 참. 자국이 안 남긴 왜 안 남아? 영원한 자국은 아닐지라도 흔적은

jusst.moment

남을걸? 네가 토해서 얼룩진 내 자동차 시트처럼. 그건 지워지지도 않더라, 야."

미래는 피식 웃으며 제시의 어깨를 쳤다. "진짜 몇 년 지난 얘기 또 꺼내네. 미안하다고 했잖아!"

제시는 미래의 손길에 흔들거리며 킥킥댔다. 형형색색의 불꽃에 알록달록 비치는 제시의 머리카락을 보며 미래는 하나둘 쌓이는 재를 상상했다.

그제야 잿빛은 모든 색이 뒤섞인 색이라는 것이 기억났다.

jusst.moment

85년 후

약속한 시각이 다 됐는데 아직 그는 오지 않았다. 나는 완전히 잊힌 걸까? 85년을 기다리고 버텼다. 데리러 오겠다는 그 약속만 믿고 여기까지 왔다. 분명 여기서 만나기로 했는데...

춥고 어두운 사막 한가운데에 앉아 쏟아지는 별만 바라보던 나는 하늘에 잠깐 반짝이는 무언가를 봤다. 금방 다시 컴컴해져 추위에 헛것을 보았나 싶어 눈을 끔뻑이던 중 눈앞에 작은 우주선이 착륙했다. 문이 지잉 열리고 그가 나타났다. 처음 데리러 오겠다고 했던 그때 그 모습 그대로.

"미안. 2분 41초 늦었어."

그가 걸어오며 말했다. 나는 이제 힘이 빠져 일어날 수 없었다.

"왜 이제야 온 거야? 너무 추웠어."

"너 줄 꽃을 구하다가 좀 늦었어."

그는 이름 모를 행성에서 가져온 외계 꽃다발을 건네주었다.

"쓸데없이. 꽃 필요 없는데…"

투덜댔지만, 어느새 나는 꽃의 향기를 맡고 있었다. 익숙하지 않은 톡 쏘는 매콤한 냄새에 눈살이 찌푸려졌다. 하지만 곧 온몸이 따뜻해졌다. 마디마디 쑤시던 관절도 편안해졌다. 그가 다가와 날 아기처럼 조심스럽게 안아 올렸다.

"왜 이렇게 가벼워졌어?"

"나이가 들면 많이 못 먹어."

그는 못마땅하단 듯이 쯧 거리며 금방 괜찮아질 거라고 중얼거렸다. 우리는 은은한 빛이 감싸는 우주선에 함께 올라갔다.

"많이 기다렸지? 이제 가자, 집으로."

새털구름 같은 그의 목소리에 나는 고갤 끄덕이며 스르륵 눈을 감았다.

날개
오늘
영업 종료
길
대기실
같은 공간
칼국수
현재
거북이 밥

jusst.moment

날개

세실이 떠났다. 늦게 일어났는데도 집이 조용하길래 거실에 나갔더니 세실의 방문이 활짝 열려 있었다. 아침마다 세실이 쓰던 커피 머신은 꺼져있었고 세실의 방은 텅 비어있었다. 혹시 산책이라도 하러 나갔나 싶어 아침을 먹으며 기다렸지만 세실은 돌아오지 않았다.

가지런히 정리된 세실의 침대 위를 살펴보다 바닥에 떨어진 날개를 보았다. 날개는 탈피한 뱀 껍질처럼 구겨져 구석에 버려져 있었다. 날개까지 버리고 갔다면 세실은 돌아오지 않을 생각이 분명했다. 난 세실의 침대 위에 한참을 누워있었다. 떠나기 전 세실이 천장을 보며 무슨 생각을 했을까 고민했다. 하얀 천장이 아무 감정 없이 날 내려다봤다.

해가 뉘엿뉘엿 질 때쯤 세실의 커피 머신을 켰다. 아침에 내리지 못한 커피를 내렸다. 난 원래 커피를 마시지 않았지만 김이 나는 검은 물을 벌컥벌컥 들이켰다.

오늘

나는 매년 1월 1일이 되면 새 달력에 친구들 생일을 채워 넣는다. 오늘은 1년 중 가장 많은 친구의 생일이 있는 날이었다. 무려 네 명. 서로는 서로를 모르지만, 네 명 다 내가 좋아하는 사람들이라 난 오늘만 되면 축하 메시지를 보내느라 바빴다. 같은 곳에 없어도 전화로라도 생일을 축하해 줬고, 하다못해 문자라도 꼭 했다.

그런데 시간이 지나자 오늘도 점점 달라졌다. A랑은 사귀다가 1년 만에 헤어졌다. 헤어진 다음 해엔 A의 이름을 달력에 쓰지 않았다. B는 그냥 연락이 뜸해졌다. 말 맞춘 것도 아닌데 서로 연락을 안 한 시간이 3년을 넘어가자 1년에 한 번 생일 축하하는 것도 머쓱해져 다음 해 달력에 B의 이름을 쓰지 않았다. C는 갑자기 물에 빠져 죽었다. 매년 C를 기억하며 생일을 표시했지만 4년이 지나자 더 이상 C의 이름을 새 달력에 쓸 수가 없었다. D는 끝까지 남았지만, 어느 날부터 내 연락을 받지 않았다. 2년 동안 생일 축하 메시지를 보냈는데도 답이 없자 난 다음 해 D의 생일마저 쓰지 않게 되었다.

오늘은 평범한 날이다. 어제와 똑같은 아침을 먹고, 출근하고, 퇴근하고, 똑같은 TV쇼를 보다가 잠이 든다. 오늘의 빈자리를 별생각 없이 넘어가는 나의 모습이 가끔 소름 돋는다.

영업 종료

마지막 식빵이 오븐에서 나오기도 전에 가게 안은 푸근한 냄새로 가득 찼다.

알람이 울리면 식빵을 꺼내 식힘망에 올려놓는다. 딱 봐도 완벽한 식빵.

너무 새하얘 건들기도 무서웠던 카운터는 이제 세월의 손때가 묻어있다. 처음엔 비닐에 쌓여있던 의자와 테이블도 낡아 삐거덕거리는 모습이 더 익숙해졌다. 빨간색으로 덧칠해 볼까 생각만 하던 주방 벽에는 그을림이 무늬처럼 새겨져 있다. 이곳을 찾아왔던 사람들의 추억과 내가 버텨온 증거들.

실패가 아니라 끝날 때가 된 거다.

뜨거운 식빵을 그대로 손으로 뜯어 먹기 시작했다. 김이 모락모락 나는 식빵은 이렇게 먹어야 맛있다. 내가 여기서 처음으로 구웠던 빵도 하얀 식빵이었다. 다음 달부터 이곳은 와인바가 된다고 한다.

그동안 고생 많았어.

나는 마지막 식빵을 와앙 입에 욱여넣고 툭툭 털고 일어난다.

길

늘 함께 길을 나란히 걷던 연수가 갈림길에서 발걸음을 멈췄다. 나는 두 발짝 더 가다 돌아봤다. 이미 난 연수의 머뭇거리는 입에서 무슨 말이 나올지 알고 있었다. 그런데도 꾹꾹 누른 감정이 터져 나가려 하고 있었다.

"나, 이제 저 길로 가려고."

언젠가부터 어렴풋이 알고는 있었다. 생각할수록 현실이 될 것 같아 깊이 들여다보지 않았지만. 조금 더 일찍, 자주 얘기를 꺼냈으면 무언가 달라졌을까? 하지만 무엇이 되었든 연수의 선택을 바꿀 수는 없었을 거다.

난 우리가 함께 걸어온 길을 뒤돌아봤다. 굽이굽이 넘어온 산과 들판과 바다. 그 모든 풍경이 우릴 감싸고 있었다. 나는 연수가 가고 싶다는 길을 봤다. 수많은 발자국이 찍혀 있었지만 내 눈에 그곳은 좁고 험난해 보였다. 굳이 왜 그런 길로 가려고 하는지 묻고 싶었지만, 하지 않았다. 연수는 그곳에 행복이 있다고 믿었다. 연수를 따라 같이 가고 싶다는 생각을 안 해본 건 아니다. 하지만 나는 나를 잘 안다. 그곳에 나의 모습은 없다는 것을. 적어도 내가 선 이 길에선 나의 모습을 바꾸지

않아도 된다.

"그동안 즐거웠어. 혹시 가다가 또 만나게 된다면..."

아마 그럴 일은 없을 거야. 하지만

나는 고개를 끄덕이고 손을 흔들었다. 진심으로 새로운 길에서 연수가 행복하길 바란다. 그 길을 선택한 것을 후회하지 않길 바란다. 마음은 무겁지만, 발걸음은 무겁지 않게 나는 내 길을 간다.

jusst.moment

대기실

할아버지는 자꾸 실내 바닥에 가래침을 뱉으려 목에서부터 끓는 소리 낸다. 할머니는 그런 할아버지의 옷소매를 끌어당기며 나무란다.

"여기 왜 왔는지 기억 안 나?"

"어..."

"가렵대서 왔잖아, 피부과. 근데 자꾸 가래침 뱉으려 캑캑대면 어떡해? 다들 싫어하잖아, 이 양반아!"

할아버지는 침울하게 고개를 숙인다. 할머니는 속상하고 답답한 마음이 사라질 때까지 혼잣말로 할아버지 욕을 한다. 할아버지는 잠자코 자기 발만 응시하고, 제풀에 지친 할머니도 깊은 한숨을 끝으로 조용해진다.

병원 대기실에는 다시금 피아노 연주곡만이 흐른다. 모두가 안심하며 손바닥 안의 세계로 돌아간다. 할아버지는 안절부절못하다 몸 깊숙이 쌓인 무언가를 뱉어내려 또 목을 긁는다. 이번에 먼저 고개를 숙이는 건 할머니다.

같은 공간

진은 새로 이사 온 동네가 썩 맘에 들지는 않았지만, 이곳이라면 새 출발을 하는 데 문제가 없을 거라고 희망을 품었다. 이곳에선 아무도 진을 몰랐고, 그래서 자유로울 수 있었다. 처음엔 낮에 너무 어두컴컴해서 정이 들지 않던 이 공간도 진이 열심히 닦고 반듯하게 가꾼 뒤로 그럴듯해졌다. 그래서 나중엔 그늘에서도 잘 자란다는 엽란도 창가에 들여놓았다.

댄이 이곳을 처음 봤을 때 눈에 띈 것은 시들어버린 창가의 식물과 바닥에 깊게 난 칼자국이었다. 무슨 일이 있었는지 궁금했지만 그런 걸 알고도 이곳에서 살 자신이 없었기에 묻지 않았다. 댄에게는 선택의 여지가 없었다. 그래서 화분은 내다 버렸고, 칼자국은 카펫으로 덮어버렸다. 댄은 커다란 하얀 개를 한 마리 키웠지만 거의 집에 들어오지 않았다. 그래서 개는 매일 혼자 짖어댔다.

흰 먼지가 두껍게 낀 환풍구나 동물이 물어뜯은 카펫은 앤에게 큰 문제가 아니었다. 문제는 헐거워진 욕조 마개 때문에 목욕을 오래 할 수 없다는 것이었다. 욕조에 누워있으면 타일 사이사이에 수상한 갈색 자국이 눈에 띄었다. 핏자국이 아니길 바라며 눈을 감으면 어느새 물이 다 빠져나갔다. 통증이 심한 날은 창문을 바라보며 마리화나를 피웠다. 해가 거의 안 들어오는 삭막한 풍경이었지만 심심했던 인생을 반추하기엔 나쁘지 않은 곳이었다.

jusst.moment

칼국수

우리는 국수 친구다. 취미도, 성격도, 취향도 국수 빼고는 맞지 않았다. 오래전 같은 수업을 한번 들은 계기로 몇 번 만났던 우리는 결국 국수에 대한 취향 빼고는 그 어느 것도 맞지 않는다는 걸 알게 됐다. 그래서 한 달에 한 번 정도 새로운 국수 가게를 같이 가는 친구가 됐다. 우리는 국수를 먹고, 평을 하고, 다 먹은 뒤엔 쿨하게 헤어지는 그런 사이였다. 간혹 식사를 기다리는 동안 근황 얘기를 할 때도 있었지만 우리 둘 다 별일 없는 평탄한 삶을 살아 그다지 할 얘기는 없었다. 국수의 식감과 맛, 고명의 모양과 국물의 진하기 등에 대해서는 몇 시간이고 얘기해도 서로에 대해 아는 건 별로 없었다.

그날은 내가 정말 가보고 싶었던 오래된 칼국숫집에 들렀다. 과연 소문대로 국수는 찰랑거렸고, 국물은 진한 사골이었다. 고명도 적당했고, 같이 나오는 겉절이도 양념이 완벽했다. 쉼 없이 국수를 흡입하느라 정신이 없던 나는 반쯤 먹다가 친구가 아직도 천천히 국물을 떠먹고 있는 걸 보았다. 나는 젓가락질을 멈췄다. 친구는 멍하니 모락모락 피어오르는 김에 얼굴을 파묻고 천천히 국수를 씹었다. 그리고 혼자 말하듯 중얼거렸다.

"우리 언니가 좋아했을 칼국수 맛이야."

언니? 친구에게 언니가 있는지 몰랐었다.

"딱 좋아했겠다..."

나는 더 묻지도 못하고 말을 잇지도 못했다. 그냥 "그렇구나..." 하고 작게 속삭이며 아까보다 천천히 음미하며 칼국수를 먹었다.

친구는 국물을 떠서 입에 넣고 눈을 감았다.

"언니랑 수영 끝나고 먹던 칼국수 맛이야. 요즘 이렇게 하는 곳 잘 없는데... 데려와 줘서 고마워."

나는 멍하니 친구를 바라봤다. 친구는 행복한 표정이었다.

"아냐. 늘 오고 싶었던 곳인데 같이 와줘서 고마워."

우리 둘은 말없이 후후 김을 불어가며 칼국수를 남김없이 다 먹었다.

현재

표범은 나무 위에서 아래를 내려다봤다. 비 오는 정글은 모든 것들이 숨을 죽이고 비가 그치길 기다리며 쉬는 공간이었다. 빗방울이 나뭇잎을 적시는 소리가 자장가같이 느껴졌다. 하지만 표범은 아까부터 길 잃은 새끼 긴팔원숭이를 보고 있었다. 아직 엄마에게서 떨어져 있기엔 너무 어려 보이는 녀석은 나무에 오르지도 못하고 혼자 덩굴 사이에 숨어 있었다. 가뜩이나 깡말랐는데 비에 젖어 더 볼품없었다. 당장에라도 아래로 뛰어들어 낚아채면 비명도 못 지르고 갈 한 입 거리였지만 표범은 지켜보고만 있을 뿐이었다.

표범도 어릴 때 엄마에게 버림받았었다. 정글에서 제일가는 민첩한 사냥꾼이었던 엄마는 형제보다 덩치도 작고, 서툰 새끼 때문에 뒤처지는 걸 용납할 수 없었던 모양이었다. 몇 번의 기회를 놓쳐버리자 엄마는 비 오는 날 그를 두고 가버렸다. 그날 엄마가 마지막으로 핥아준 대신 차라리 물어 죽여줬더라면 좋았을 거라고 수도 없이 생각했었다.

표범은 언제든 불쌍한 새끼 긴팔원숭이의 짧고도 고통스러운 삶을 끝내줄 수 있었다. 하지만 제 딴에 살아보겠다고 구덩이를 파서 잎으로 몸을 가리는 꼴을 보고 있자니 딱하고 우스웠다. 표범은 나무에 몸을 길게 늘어뜨리고 누웠다. 비는 해가 질 때쯤 멈출 것이다.

표범이 눈을 감은 동안 새끼 긴팔원숭이도 잠시나마 숨을 돌릴 수 있을지도 몰랐다. 표범은 비가 그친 다음의 일은 그때 가서 생각하기로 했다. 비 오는 정글은 차갑고 습한 품으로 모두를 감싸 안았다.

jusst.moment

거북이 밥

「올 때 거북이 밥 좀 사 와.」

콜린은 그럴 생각이었다. 정말 거북이 밥을 사 올 예정이었다. 하지만 그 간단한 약속을 지킬 수 없게 된 데에 대해 패트릭한테 미안한 마음이 들었다. 그리고 먹을 밥이 없을 거북이 '루'한테도. 퇴근하는 길에 거북이 밥을 사러 들른 펫숍 문 앞 건널목에서 덤프트럭에 치이기 전까지만 해도 평범한 저녁이 될 거로 생각했다. 횡단보도 위에 대자로 누워 피를 흘리는 순간이 콜린에게는 초등학교 과학전람회 이후 최고 많은 관심을 받는 순간이었다. 도와주려는 사람들이 우왕좌왕하는 순간에도 콜린은 거북이 밥을 생각했다. 그리고 패트릭의 실망스러운 표정을 떠올렸다. 펫숍의 거북이 밥이 놓인 진열대가 생각났다. 혼미해진 정신은 콜린이 건널목을 무사히 건너고 거북이 밥을 산 평행세계로 흘러갔다.

콜린은 횡단보도를 건넜다. 신호가 바뀐 걸 모르고 덤프트럭 하나가 초록 불에도 휙 지나갔지만, 콜린은 길을 건너는 대신 트럭에 뻐큐를 날렸다. 펫숍에 들어간 콜린은 오른쪽 세 번째 진열대에 있는 늘 사는 오렌지 뚜껑의 거북이 밥을 집어 들었다. 계산은 평소처럼 카드로 했고, 다시 무사히 길을 건너 차를 타고, 별 탈 없이 운전해서 집에 도착했다. 집에 도착해 저녁을 요리하고 있던 패트릭한테 거북이 밥을 건넸다. 패트릭은 컬리플라워를 지지느라 보는 둥 마는 둥 했지만 고맙다고 인사했고, 거북이 루는 신선한 밥을 먹었다. 그날 밤 콜린은 자기 침대 위에 누워 오늘도 참 별일 없는 지겨운 하루라고 생각하며 잠이 들었다.

숨
귀신
김밥과 지우개
불타는 산
스틱스
문
Bubbles
소녀
바다발자국

jusst.moment

숨

너에게 이렇게 잔잔한 속눈썹이 있는지 몰랐어

온몸이 회색 털로 덮여있어서 잘 안 보였나 봐

가만 보니 가냘픈 속꺼풀도 있고

꼼꼼한 눈물 언덕도 있고

나를 담던 우주는 여전히 반갑게 여길 보는데

평평한 화면 밖에서

쓰다듬는 손길은 멀기만 하고

금이 난 마음은 쉽게 바스러진다

" ghost "

귀신

#1

'바닐라... 바닐라...'

온 우주의 기를 모아 속삭였건만 현이는 코코넛을 골랐다.

'안돼! 코코넛은 맛없단 말이야. 바닐라를 골랐어야지!!'

화를 내봤자 소용없다. 현이는 살아있는 유일한 내 피붙이고, 나는 죽어서 귀신이 된 그의 언니니까. 살아생전 사후세계를 믿던 현이에게 죽으면 다 끝이니 있을 때 잘하라고 큰소리쳤는데 막상 죽어보니 끝이 아니었다. 나란 존재는 사라지지 않고 귀신이 되어 현이 곁을 맴돌게 되었는데 영원히 이 상태가 계속되는 건지, 퀘스트를 마치면 저승으로 넘어가는 시스템인지 알 수가 없었다. 다른 귀신들을 본 적도 없었고, 내가 귀신으로서 할 수 있는 특별한 능력도 없었다. 그래서 그냥 현이 곁에서 무슨 맛 요구르트를 사야 한다고 귓속말이나 해주고 있는 것이었다. 하지만 현이와 소통을 하려 아무리 애를 써도 닿지 않았다. 마치 이 세계와 저 세계를 가르는 투명 아크릴 막이 존재하는 것 같았다.

#2

귀신이 된 후 놀라운 것 중 하나는 죽음이란 유통기한이 없어졌음에도 시간의 흐름을 느낄 수 있다는 것이었다. 현이가 상복을 벗고, 내 물건을 정리하고, 조금 덜 울고, 배달 음식을 망설임 없이 1인분만 시킬수록 시간이 흘렀다는 걸 알 수 있었다. 현이가 사는 모습을 보며 점점 나의 삶의 서사가 기억나지 않았다. 난 현이의 삶의 관찰자로 마치 내가 그 인생을 사는 것처럼 현이의 작은 선택 하나하나에 일희일비하며 지내게 되었다.

#3

이젠 나의 이름이 기억나지 않는다. 현이가 가끔 나를 기억해 줄 때 잃었던 기억의 조각을 찾게 되었지만 그렇지 않은 날들이 더 많아지자 내가 누군지 흐릿해졌다. 대다수 날에 나는 그냥 현이였다. 현이는 여든 평생을 혼자 살았는데 그다지 흥미로운 삶은 아니었다. 매일 아침 5시에 일어나서 차를 한 잔 끓이고, 산책하고, TV를 보며 점심을 먹고, 낮잠을 잔 뒤 간단한 저녁을 먹고, 독서하다가 잠이 드는 그런 규칙적인 삶을 지난 20년간 유지했다. 그러던 현이는 한겨울에 집 앞 빙판길에 미끄러져 사망했다. 눈앞에서 현이를 잃은 나는 오랜 잠에서 깬 것 같이 퍼뜩 정신이 들었다. 현이는 이제 없어. 나는 현이가 아니야.

잊었던 나의 이름이 생각나려던 중 현이의 혼이 빠져나가는 게 보였다. 미처 이름을 부르기도 전에 현이의 혼은 수채화 물감처럼 스르륵 풀어졌다. 그리고 그게 끝이었다. 죽으면 현이와 다시 만날 줄 알았는데 그런 것도 아닌 것 같았다. 나는 멍하니 현이의 죽은 얼굴을 내려다봤다. 현이의 얼굴은 나와 참 닮았다. 내가 못 산 삶까지 살아주느라 주름이 두 배다. 더 무얼 해야 할지 몰라서 나는 현이가 사라지고 풍경이 바뀐 뒤에도 그 자리에 계속 머물렀다. 물처럼 흐르던 시간도 이곳에 같이 고였다.

김밥과 지우개

지우개는 이번 봄에 태어난 젤라토집 고양이다. 노란 연필 뒤에 붙어 있는 지우개 같은 핑크 코를 가졌다고 젤라토집 누나가 붙여 준 이름이다. 나는 나이 든 턱시도 고양이다. 누나는 나를 김밥이라고 불렀다.

지우개는 어린 고양이답게 호기심도 많고 힘도 넘쳐서 가게 안을 휘젓고 다닌다. 이젠 제법 점프도 잘해서 볕이 잘 드는 의자 위에 훌쩍 올라가 종일 낮잠을 자기도 한다. 손님들은 저마다 귀엽다며 사진 찍기 바쁘다. 누나도 그런 지우개가 예뻐죽겠는지 자꾸 간식을 준다.

지우개는 창문을 좋아한다. 유리창에 갇힌 파리 보는 걸 좋아하는 모습이 내 어릴 적 같다. 가끔 창밖에 있는 나를 발견하면 하악 대기도 한다. 그러면 누나는 내가 있는 쪽을 바라보며 고개를 갸웃한다.

마지막 손님이 떠나고 누나는 지우개를 무릎 위에 올려놓고 천천히 쓰다듬는다. 지우개는 간식을 달라고 애교를 부리지만 누나는 그냥 창문만 바라본다. 꼬맹이를 쓰다듬는 누나의 손길이 내게도 전해지는 것 같다. 나는 기분이 좋아져 가르릉 거리며 창문 앞에 웅크리고 앉는다.

눈이 내린다. 지우개는 눈이 휘둥그레져서 엉덩이를 들썩인다.

누나와 이불 속에서 같이 눈을 구경하던 기억이 난다. 누나는 밀크티를 마시고 있었고, 나는 처음 보는 눈에 털이 쭈뼛 섰다. 누나가 푸하하 웃더니 내 털을 고르게 다듬어 줬다.

같은 생각을 하는 걸까. 흩날리기 시작한 눈발을 보는 누나 입에 미소가 그려지더니 눈가가 촉촉해진다.

괜찮아, 나 이제 안 아파. 최선을 다해 가르릉 거렸지만, 누나는 계속 운다. 매번 나에게 하악 대기 바빴던 지우개도 이번에는 나를 보고도 못 본 척해 준다.

눈은 조용히 거리를 삼킨다. 이제 정말 겨울인가 보다.

불타는 산

끝을 직감한 너의 눈은 검게 빛났다. 그 빛이 흐려지기 전 다가가 눈을 맞췄다. 너의 눈에 가득 차 있는 우리가 함께했던 노을, 눈, 강, 흙먼지, 바다, 안개. 그걸 보는 내 눈에서 흘러나오는 반쪽짜리 해돋이, 늪, 호수, 도시, 산, 비.

"고마워."

속삭이는 내 목소리가 너무 크게 들려 시간이 멈춘 줄 알았지만, 총성은 다시 울려 퍼졌다. 위스키 색 하늘은 불에 타는 것 같았다. 밤은 오지 않을 걸 알기에 니글 누고 해가 지는 곳을 향해 뛰었다.

jusst.moment

스틱스

뱀도 재채기를 한다. 연주가 키우는 캘리포니아 킹스네이크는 까만 몸통에 규칙적인 흰 줄무늬가 예쁜 뱀이었는데 뱀에게도 성격이랄 게 있단 건 그때 알았다. 뱀의 이름은 스틱스였는데 스틱스(Styx) 강에서 따 온 이름이라고 했지만 처음 듣는 사람들은 나뭇가지(Sticks)에서 따 온 이름인 줄 알았다.

스틱스는 온순하면서도 활동적이어서 따분하지 않은 뱀이었다. 연주가 스틱스에게 먹이를 준다고 얼린 쥐를 정성스럽게 찬물에 녹여서 한 마리 한 마리 꺼내 먹이는 광경을 보고 있으면 마음 한쪽이 간지러웠다. 무서운 것이나 희한한 것을 보는 것에서 오는 흥분이 아닌가 했지만, 그 감정이 사랑이었다는 것은 10년 후에나 확실히 알게 되었다.

이제 스틱스는 우리 집 거실에 있다. 뱀의 수명이 20년 가까이 된다는 것도 스틱스와 살게 되면서 알게 되었다. 뱀의 얼굴에는 주름이 없다. 세월만큼 허물을 벗을 뿐이다.

아이도, 고양이도, 개도 없는 우리 집은 조용하다. 스틱스는 쥐를 삼킬 때도 조용하고, 연주의 손을 타고 놀 때도 조용했지만 재채기 하나는 여전히 귀엽게 했다. 내 귀엔 "Achoo!"로 들렸지만, 연주는 "엣취!"로 들린다고 했다. 그건 아마 연주가 한국인이어서 그럴 거다.

나랑 살기 시작한 이후로 가족이랑 연락도 거의 안 하는 연주가 유일하게 한국말을 할 때는 스틱스에게 일주일에 한 번 먹이를 줄 때였다. 연주가 뭐라고 하는 건지는 잘 몰랐지만, 그 소리는 마치 아이에게 하는 말처럼 상냥했다. 새벽에 혼자 일어나 쥐를 녹이고, 그걸 스틱스에게 먹이며 한국말로 속삭이는 연주는 비발디 음악을 닮았다.

비가 오던 아침, 연주는 스틱스의 사육장 앞에 가만히 앉아 있었다. 나는 겨우 일어난 터여서 까끌까끌한 눈을 비비며 하품했다.

"스틱스가 안 먹어."

연주의 목소리에는 실망감보다는 애틋함이 묻어 있었다. 스틱스는 이제 나이 든 뱀이었다. 밥을 안 먹는 날이 더 많았는데 그마저도 요즘은 먹으려고 하질 않았다. 연주의 손에는 죽은 흰쥐 한 마리가 쥐어져 있었다. 벌써 한 달이 넘게 스틱스는 거의 움직이지도 않고 아무것도 먹지 않았다. 난 연주의 어깨를 감싸 쥐며 스틱스를 쳐다봤다. 까맣던 눈은 희끄무레했고 매끈거리던 비늘은 윤기가 없었다.

연주는 가만히 스틱스의 머리를 손가락으로 쓰다듬었다. 그리고 조곤조곤한 한국말로 긴 이야기를 속삭여줬다. 나는 무슨 말인지 알 수 없었지만, 귀가 없는 스틱스는 연주의 이야기를 알아듣는 듯 조용히 집중하고 있었다. 유리창을 때리는 빗소리도 연주의 이야기를 멈출 수는 없었다.

문

무언가 심란한 꿈을 꾼 것 같은데 눈을 뜨니 물에 풀어진 물감처럼 흩어져 버렸다. 시계를 확인하니 아직 새벽 4시다. 자기 전에 틀어놓은 히터는 타이머가 다 돼 꺼져있었고 코끝에 닿는 바람은 차갑다. 나는 몸을 웅크리며 더 이불 속으로 파고든다. 그리고 잠이 달아날까 서둘러 눈을 감는다. 다시 잠으로 미끄러져 들어가는데 문밖에서 작은 소리가 들린다.

"냐?"

자칫하면 그냥 지나갈 소리. 내 귀에만 들리는 소리. 어떻게 내가 잠깐 깬 걸 알아차린 건지 어느새 내 방문 앞에 와서 아침밥을 달란다. 자기 딴엔 나름 조용히 예의 차려 부르는 소리겠지? 하지만 난 눈을 감고 더 자는 척한다.

"냐아?"

마음대로 되지 않자 이내 벅벅 발톱으로 문을 긁기 시작한다.

"안돼. 지금 새벽 4시잖아. 아직 밥 안돼!"

"꾸르르릉…"

실망한 소리를 뱉어내고 다시 조용해진다. 하지만 이제부터 내가 완전히 일어날 때까지 문을 긁을 거다. 7분 간격으로. 잠이 들 때쯤이면 벅벅. 또 벅벅. 결국 버티다 못해 문을 열면 반가워하며 어찌나 이쁘게 울 건지 알고 있으니 더 괴롭다.

"그래, 그래. 알았어, 알았다고."

결국 따뜻한 이불을 걷어내고 발을 질질 끌고 나와 문을 연다.

발톱 자국은 남았지만 고요한 문 너머. 서늘한 공기에 잠이 확 깬다. 새벽에는 그리운 것들이 찾아왔다가 안개처럼 금방 흩어진다.

jusst.moment

Bubbles

블루,

우리가 처음 만난 날 기억나? 너는 어린이 병동에 갓 입원한 어린애였고, 나는 병원 밥이 지겹던 어린애였지. 너는 주사 맞기 싫다며 고래고래 소릴 지르며 복도로 도망가고 있었고, 나는 MRI를 찍고 돌아오는 길이었어. 간호사 선생님이 잽싸게 뒤에서 널 낚아채 올렸을 때 네 발길질이 내 코에 맞았잖아. 그때 정말 어마어마한 피가 뿜어져 나왔는데. 그걸 보고 나보다 더 놀란 너는 새파랗게 질려 울음을 터뜨렸고, 난 쏟아지는 피에 고개를 숙여야 했어.

친구가 없던 나는 매일 우주까지 훨훨 날아가는 터무니없는 공상을 하며 지내는 아이였어. 몇 시간 후 간호사 선생님 손에 이끌려 네가 찾아왔을 때도 그러던 중이었지. 너는 고개를 푹 숙이고 미안해했어. 나는 괜찮다고 했고. 그때 난 몰랐어. 네가 뭐 때문에 병원에 온 건지. 다른 친구들처럼 금방 나아서 나갈 거로 생각했어. 나는 걷지 못했지만 너는 잘 뛰어다녔으니까.

그날부터 우린 서로의 병실에서 이야기를 나누며 많은 시간을 보냈지. 너처럼 내 상상 속 이야기에 같이 빠져준 친구는 없었어. 우린 함께 달에도 가고, 목성에도 가고, 블랙홀 반대편까지도 갔어.

너무 아파서 꼼짝도 못 하고 누워있던 내 생일날, 너는 직접 만든 비눗물과 빨대로 비눗방울을 만들어 줬어. 작고 힘없어 보이는 비눗방울이라고 내가 놀려도 넌 꿋꿋하게 계속 불었지. 말은 안 해도 둥실둥실 떠다니는 비눗방울들이 조그만 행성 같다고 생각했어. 그 별들을 손에 담아보려 이리저리 팔을 휘두르며 많이 웃었던 기억이 나.

너랑 헤어진 날 이야기는 하지 않을래. 어디선가 다른 세상에서 우리는 결국 우주에 함께 갔다고 생각해. 거기서 지구는 정말 파래 보였잖아.

소녀

고요한 눈이 내리는 작은 언덕들 사이를 걷는 아이는 맨발이었다. 발이 시리지도 않은지 천천히 거니는 아이는 깃털처럼 가벼워 포슬포슬한 눈에 발자국 하나 남기지 않았다. 소녀의 발이 멈춘 건 하얀 꽃다발과 편지 앞. 누군가 꾹꾹 눌러 담은 글씨로 소녀에게 쓴 것이었다. 소녀는 굳이 편지를 열지 않아도 내용을 알 수 있었다. 눈이 녹아 글씨가 비가 될 때까지 그 앞에 서 있던 아이는 '후'하고 숨을 내쉬었고, 모든 기억은 나비가 되어 날아갔다. 편지가 준 온기만 간직한 채 소녀는 하얀 언덕 뒤로 너울너울 넘노닐었다.

jusst.moment

바다 발자국

물을 싫어하는 너랑은 바다에 온 적이 없지.

하얀 파도가 조각조각 부서졌다
스며들고
부서졌다
스며드는
모양을 보고 있는데

발목을 간지럽히는 그르릉
모래 위 흐릿한 발자국 몇 개.

너도 보러 왔니?
네 눈을 닮은 비취색 바다
노을 물이 들 때까지
오래 같이 머물러줘.

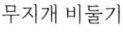

무지개 비둘기
젖은 삼단 우산
숲
파도
별
미세스 정
가수
이후
도마
집

무지개 비둘기

회색 직장인들은 바쁘게 한 방향으로 걷고 있었다. 나는 반대 방향으로 걷고 있었다. 쉴 새 없이 몰아치는 파도처럼 끝없이 내 앞을 가로막는 직장인 무리에 치이고 또 치였다. 꼼꼼하게 칠한 눈썹부터 하이힐, 넥타이부터 광낸 구두. 전투복으로 완벽착장을 한 그 무리 속에 나의 맨얼굴과 늘어난 티, 낡은 운동화는 힘을 잃었다. 당당하게 뚫고 지나가야 하는데 더 주눅이 들어 고개를 숙이고 땅을 바라보게 되었다.

그때 봤다. 회색 비둘기 틈에 섞여 있는 무지개 비둘기를. 난생처음 보는 비둘기의 화려한 모습에 내가 꿈을 꾸고 있는 건지 재차 확인했다. 하지만 무지개 비둘기는 비둘기 무리에 섞여 똑같이 땅을 쪼고 있었다. 다른 비둘기들도 전혀 신경 쓰지 않는 듯했다.

나는 바쁜 길을 벗어나 비둘기들이 땅을 쪼고 있는 옆길로 나왔다. 숨이 트였다. 누군가 나처럼 무지개 비둘기를 보고 신기해하지 않을까 둘러봤지만, 모두가 너무 바빠 땅을 볼 여유는 없어 보였다. 내가 다가가사 비둘기들은 일정한 거리를 두고 뒤뚱뒤뚱 조금씩 멀어졌다. 하지만 무지개 비둘기는 그 자리에 가만히 있었다. 무지개 비둘기는 나를 한번 쓱 쳐다보더니 고개를 갸웃거렸다. 그러더니 푸드덕거리며 순식간에 날아 건물 저 뒤편으로 날아갔다. 비둘기가 그렇게 높이 나는 줄 몰랐다. 무지개 비둘기는 어디로 간 걸까? 의문을 품으며 무지개 비둘기가 날아간 건물 저편을 바라봤다. 그곳엔 거짓말처럼 무지개가 떠 있었다. 내가 보는 걸 다른 사람도 보고 있는지 궁금해 둘러봤지만, 모두가 너무 바빠 하늘을 볼 여유는 없어 보였다.

나는 손을 뻗어 무지개를 만졌다. 무지개는 촉촉하고 보드라웠고 내 손을 무지갯빛으로 물들였다. 나는 커다랗게 웃어댔다. 미친 사람처럼 보였을 수도 있었겠지만, 어차피 모두가 너무 바빠 날 볼 여유는 없었을 거다. 무지개는 따뜻한 온기로 내 몸 전체로 퍼졌다. 세상의 모든 빛으로 둘러싸인 나는 기분 좋게 내 갈 길을 갈 수 있게 되었다. 난 두 팔을 펴고 푸드덕거리며 순식간에 날아 건물 저 뒤편으로 날아갔다.

jusst.moment

젖은 삼단 우산

●●●○●●●●

젖은 삼단 우산이 있었다. 주인은 게으른 사람이라 우산을 말리지 않고 그대로 접어 우산꽂이에 넣었다. 우산은 젖는 게 일이었지만 그것도 일이 끝난 후 잘 말려준다는 가정 하에 얘기였다. 우산은 구겨진 자신에게서 나는 고린내를 참을 수 없었다. 그렇지만 우산이 할 수 있는 일은 아무것도 없었다.

비가 오는 날 우산은 다시 찾아졌다. 더러운 냄새는 새로운 빗물로 씻겨내려갔고 그래서 개운했다. 차가운 건물에 들어가자 주인은 우산을 기다란 비닐집에 넣었고 우산은 자신의 체취에 또 한 번 질식했다.

저녁에 주인에게 이끌려 도착한 곳은 숯불 냄새 가득한 공간이었다. 파란 쓰레기통에 우산은 다른 우산들과 함께 처박혔다. 그리고 주인은 술에 취해 우산을 잊고 집으로 혼자 갔다. 우산은 그대로 며칠을 통 안에 있었는데 밤에는 바퀴벌레들이 우산에 맺힌 빗물을 마시러 왔다. 싫었지만 우산이 할 수 있는 일은 없었다.

누군가 우산을 그 냄새 나는 통에서 구해준 건 착각 때문이었다. 자기가 가져온 우산 대신 삼단 우산을 집어 든 것이었다. 우산은 남겨진 우산에게 미안했지만 할 수 있는 일은 없었다.

우산의 새 주인은 우산을 활짝 펴서 현관에 두었다. 우산은 따뜻한 온기에 몸을 추슬렀다. 우산은 이곳에 오래 머물고 싶었다. 하지만 얼마나 오래 있게 될지 그건 우산이 정할 수 있는 일이 아니었다.

다음날 새 주인은 우산이 자기의 원래 우산이 아니란 걸 알고 난감해했다. 그래도 그는 바싹 마른 우산을 곱게 접어 신발장에 넣어주었다. 그 안엔 다른 우산들도 있었다. 우산들은 필요해질 때까지 안에 있었다.

하지만 다음 비 오는 날이 와도, 그다음 비 오는 날이 와도, 우산은 계속 그 안에 있었다. 다른 우산들은 나갔다가 뽀송해지면 돌아왔는데 우산은 원래 있던 우산이 아니라 선택을 받지 못하는 듯했다. 우산은 숯불 냄새 가득한 파란 쓰레기통에 있을 원래 우산을 생각하며 가만히 잊혀져 갔다.

많은 날들이 지나며 신발장 안 우산들은 하나씩 없어졌다. 돌아오지 못한 우산들의 흔적 속에 혼자 남은 삼단 우산은 비의 냄새를 잊어갔다.

그래서 다급한 손이 구석을 더듬다 우산을 집었을 때 우산은 깜짝 놀랐다. 다시는 돌아오지 못할지도 모르는 아늑한 신발장을 돌아보며 우산은 무서워졌다. 길거리에서 부서지거나 냄새나는 쓰레기통에 버려지느니 신발장 안에 영원히 있는 게 훨씬 나아 보였지만 우산이 할 수 있는 일은 아무것도 없었다.

오랫동안 펼치지 못한 몸이 삐걱거리며 기지개를 펴고 후둑후둑 빗물에 젖었다. 우산은 흠뻑 젖어 어느새 빗물을 퉁퉁 반사했다. 쌓인지도 모르던 몸의 먼지가 씻겨내려갔다. 비를 맞는 건 우산이 할 수 있는 일이었다. 더럽혀지고, 버려지고, 잊혀지는 두려움을 잊고 우산은 처음으로 자기 몸에 닿는 빗물 한 방울, 한 방울을 소중하게 모두 맞았다.

그날 하늘은 우산을 축복하듯 온종일 비를 부어주었다.

jusst.moment

金

숲에는 결국 나무 한 그루만 남았다. 친구 나무와 새끼 나무들이 하나씩 쓰러지던 모습을 모두 기억하는 늙은 나무는 다가온 끝이 무섭지는 않았다. 하지만 자기가 사라짐으로 인해 '숲'이라 불리던 공간의 마침표가 완전히 찍혀질 것이란 생각에 침울했다. 서슬 퍼런 톱이 몇백 년의 세월을 난폭하게 잘라냈을 때 고통은 생각보다 오래가지는 않았다. 나무의 몸에 살던 운지버섯과 산누에나방 애벌레들이 소리를 질렀지만, 같이 비명을 지르지 않는 것 외에 할 수 있는 일은 없었다. 나무는 하늘을 올려다보는 대신 뿌리를 박고 평생 자릴 잡았던 땅에 얼굴을 박고, 마지막일지 모르는 숨을 들이마셨다. 새벽에 내린 비로 축축하게 젖은 땅은 푹신하게 나무를 감싸 안았다. 그리고 작년에 다람쥐가 묻어놓고 잊어버린 도토리 싹이 흐려지는 나무의 얼굴을 간지럽혔다. 나무는 몸이 토막 나는 걸 느끼면서 싹을 바라봤다. 아직 약한 싹이라 쉽게 다칠 수도 있었지만, 또 너무 작아서 눈에 별로 띄지도 않았다. 둘러보니 그런 싹들이 다른 곳에도 자라고 있었다. 위에서 내려다볼 때는 하찮은 잡초처럼 보였지만 지금 누워 있는 곳에서는 그들이 대군처럼 크고 든든해 보였다. 나무는 마지막 숨을 최대한 길게 내뿜으며 새로운 숲의 끝까지 그 숨이 닿기를 바랐다.

파도

짙은 녹색 칠판에 하얀 분필로 줄을 긋듯 모터보트는 빠르게 바다 위를 가로지른다. 바다는 배를 중심으로 두 갈래로 갈라진다. 달팽이가 유리 표면에 자국을 남기듯 배 뒤꽁무니로 구름같은 길이 남는다. 배에 부딪혀오는 파도는 돌덩이로 변해 선체를 꽝꽝 때리다가도 유리알처럼 부서지며 파란 대기로 스며들어 간다.

탱크에 휘발유가 얼마 남지 않았을 수도 있다. 그런데도 지금 와서 멈출 수는 없기에 뒤돌아보지 않고 막막하게 펼쳐진 파란 공간으로 향하고 있다.

할머니는 이미 알고 계셨다. 진실을 알게 되는 순간 되돌아갈 수 없게 될 거라고. 그래도 알아야겠다고 한 건 나였다. 이건 나의 용기다.

그래도 조금 위로가 되는 건 강한 바람도, 하늘을 맴도는 독수리도, 구름 한 점 없는 푸른 하늘도, 보잘것없는 배 위에 나도, 그저 자연의 일부일 뿐이라는 것이다. 혹여나 이 바다 한가운데에 멈추게 될지라도 이곳은 내 자리다.

눈 부신 햇살은 선체에 흩어진다. 나는 앞서간 모두와 뒤에 올 이들을 위해 더욱더 속력을 낸다.

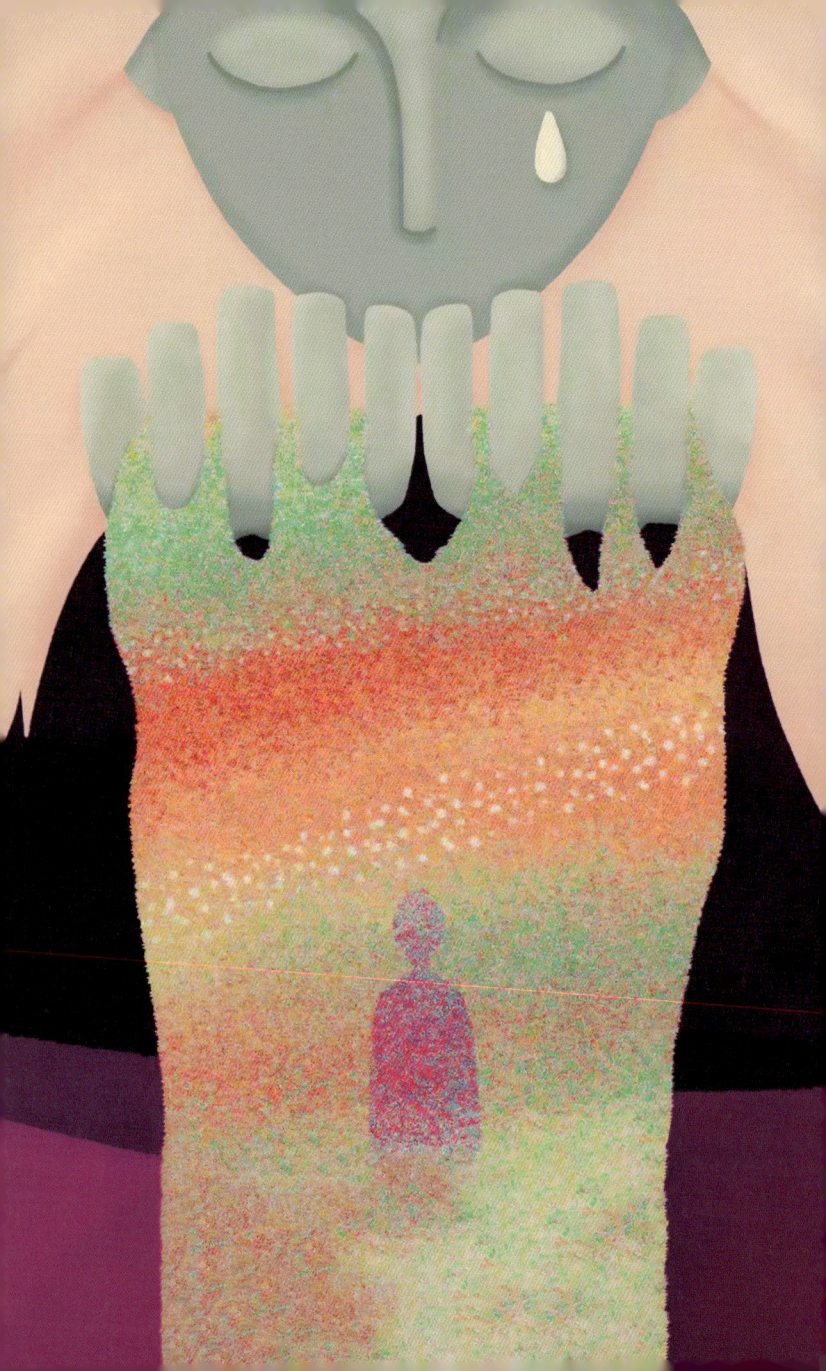

별

다리는 더는 그녀의 다리가 아니었고, 벌써 받아들이게 된 건지 눈물도 나오지 않았다. 목숨 대신 잃은 다리는 현실이 되어버린 새로운 삶이었다. 후회도 원망도 쓸데없다고 생각하는 실용적인 그녀는 잠시 앉아 우는 시간도 아깝다고 생각했다. 당장 눈앞의 문제를 해결하며 절룩이며 앞으로 나아갔고, 망설임이 따라잡을까 뒤를 돌아보지 않았다.

하지만 예전 같지 않았다. 아는 사람 만나기가 귀찮았다. 일일이 설명하고 동정받는 것도 거추장스러웠다. 그렇다고 새로운 사람을 만나는 게 좋은 것도 아니었다. 두 다리가 있던 그녀의 모습을 아예 알지도 못하는 사람들이 생긴다는 것은 유쾌한 일이 아니었다.

예상보다 금방 일상으로 복귀는 했지만, 수면 위를 훑는 소금쟁이같이 잠깐씩만 물결을 일으킬 뿐이었다. 그렇다고 무언가 새로운 걸 시작하기엔 이미 너무 작아진 기분이었다. 시간이 지날수록 안으로 굽어 펴지지 않는 손가락처럼 움츠러들었다.

꿈에서 그녀는 산산조각이나 바닥에 흩어진 자기 자신을 봤다. 처음에는 그 모든 조각을 주워 담으려 했지만, 너무 작은 것들은 모래처럼 손에서 빠져나갔다. 어두운 바닥에 깨진 조각들은 하나하나가 밤하늘의 별처럼 빛났다. 별들은 물에 떠내려갔다.

그녀는 울면서 깨어났다. 그리고 그날부터 부서진 것을 주우려 하지 않았다. 힘이 들면 밤하늘을 봤다.

하늘의 별들도 무언가가 부서진 조각들이었다.

jusst.moment

미세스 정

미세스 정은 쉬는 날 아침이면 공원 호수 앞 벤치에 앉아 오리들이 노니는 모습을 구경했다. 보통은 두 시간 그러고 앉아만 있어도 일주일 동안 쌓인 피로와 스트레스가 싹 풀리곤 했다. 하지만 오늘은 왠지 정오가 훌쩍 지났는데도 마음이 편해지기는커녕 더욱 심란해졌다. 부쩍 말을 안 듣는 반 아이들 때문인지, 말해도 신경도 안 쓰는 요즘 부모들 때문인지, 아니면 얼마 전 정성 들여 키우던 난이 죽어서인지는 잘 몰랐지만 한가로운 오리들의 물질도 답답한 미세스 정의 마음을 풀어주진 못했다.

그래서 미세스 정은 오랜만에 박물관을 찾았다. 먼지 하나 없이 깨끗한 유리와 적당히 어두침침한 조명, 질서정연하게 진열된 유물들이 고요 속에서 서로를 뽐내는 모습을 보면 마음이 조용해졌다. 어디서 온 건지 모를 각양의 항아리들 사이를 지나던 미세스 정의 발걸음은 문득 흙색 오리 모양 토기 앞에 멈춰 섰다. 한국, 신라 시대. 물이나 술을 담았던 주전자.

가만히 오리의 축 처진 고개와 치켜뜬 눈을 바라보던 미세스 정은 그것이 힘차게 유리관을 깨고 박차는 걸 상상했다. 오리 모양 토기는 바르게 나열된 다른 도자기들을 지나쳐 깔끔한 박물관 바닥을 쾅쾅 깨뜨리며 밖으로 나간다. 복잡한 길을 건너고 공원을 지나 호수에 도착한 오리모양 토기는 먼지에 뒤덮인 메마른 몸을 물에 던진다.

몸 가득 물을 담고 이제 막 젖기 시작한 부리로 물줄기를 뿜어낸다. 물을 깊이 품을수록 결국은 가라앉아 버리겠지만 오리 모양 토기는 이 순간 가장 살아있다.

미세스 정은 일말의 망설임도 없이 핸드백에서 호신용으로 들고 다니는 쿠보탄을 꺼내 유리를 가격했다. 반복되는 가격에 유리는 생각보다 쉽게 깨졌고 경보벨이 울리기 시작했다. 미세스 정은 재빨리 오리 모양 토기를 품에 안았다. 심장이 쿵쾅쿵쾅 뛰면서 발끝까지 피가 돌았다. 오리 모양 토기의 심장도 콩닥콩닥 뛰었다. 미세스 정은 호수를 향해 냅다 달렸다.

jusst.moment

가수

종이컵에 뜨거운 물을 붓는 C의 손이 떨렸다. 일찌감치 오면 괜찮을 줄 알았는데 오히려 더 긴장이 되었다. 공연장에 마지막으로 서 본 게 언제였던가? 11년 전 이대에서의 소극장 콘서트를 마지막으로 C는 재충전의 시간을 가졌다. 말이 좋아 재충전이지 워낙 부진한 공연 판매에 기획자들을 볼 면목도 없었고, 꼴에 조금 남은 자존심마저 상처를 입어 깊은 굴 속으로 스스로 기어 들어간 것이었다.

데뷔한지 이제 20년이 조금 넘었지만 C는 1등은커녕 차트 100위 안에 든 적이라고는 딱 한 번뿐이었다. 그나마 C가 제일 잘나갔을 15년 전은 그가 발표했던 달달한 사랑 노래가 조금 유명해졌을 때였는데 처음으로 길거리에서 C를 알아보는 사람을 만나기도 했다. 그때는 C도 어렸고, 음반을 내면 어느 정도 팔리던 때여서 나름 방송도 나가고 공연도 여러 번 했다. 과분한 사랑을 받았지만 솔직히 말해서 그런 달달한 음악은 C가 추구하던 음악은 아니었다. 소속사가 정해준 후속곡으로 별다른 반응이 없던 앨범 활동을 마무리하려 막판에 선택된 곡이었는데 당시 방영되었던 드라마 배경음악으로 한 번 깔린 뒤 소소한 인기를 끌게 된 것이었다. 즐거운 기억일법도 했는데 그 당시 C는 자기가 원하던 곡은 인기를 못 얻고 후속곡이 유명해져서 이미지가 굳어지자 불만이 컸다. 돌아보면 참 배가 부르고 어리석었다고 생각하며 C는 뜨거운 인스턴트 커피를 삼켰다.

무대는 아직 비어 있었다. C가 서 본 무대 중에서 제일 작은 곳이었다.

마지막으로 무대에 섰을 때 C는 반도 안 찬 공연장을 마주해야 했다. 지각하는 줄 알았던 관객들이 공짜로 뿌린 티켓에도 오지 않기로 했다는 점이 C의 마음을 무겁게 만들었다. 의욕이 사라졌지만 그나마 와주신 관객들을 실망시킬 수 없어 할 수 없이 노랠 했다. 공연은 소나기처럼 순식간에 지나갔고 무대에서 내려온 뒤부터 현실이란 가뭄이 찾아왔다. C는 가뭄을 버티기 싫었다. 결코 내가 못해서 떠나는 게 아니야. 그냥 싫어져서 떠나는 거지. 거짓말도 자꾸 들으면 그럴 듯 해졌다.

쉬면서 가장 힘들었던 건 경제난도 무료함도 아니었다. 그런 것보다는 쪽팔림에 있었다. 자기가 한 거짓말을 누가 알아볼까 두려워 밤잠을 설쳤다. 하지만 그 거짓말을 꿰뚫어볼 만큼 C에게 관심 있는 사람은 별로 없었다. 자기의 거짓말이 자기 살을 파먹고 커지는 동안 C는 점점 가시 발린 생선이 되어가는 기분이었다.

그래서 C는 다시 나왔다. 가장 작고 보잘것없는 무대를 빌렸다. 악기도 기타뿐이었다. 긴장을 풀기 위해 모두가 오기 전 무대 앞에 혼자 섰다. 아직 캄캄한 관객석을 바라보며 숨을 크게 들이 마셨다. 적어도 지금은 여기가 C가 있을 곳이었다.

이후

마지막 남은 고래가 죽고, 하나 남은 북극곰 한 쌍이 더 이상 새끼를 낳지 못하게 되고, 흙이 썩지 않는 플라스틱으로 뒤덮여 풀 한 포기 나지 않았을 때도 인간들은 그대로 살고 싶어 했다. 몇몇이 막으려 했지만, 그 사람들 역시 그들이 지키려 했던 나무들과 함께 베어져 나갔다. 남은 인간들은 스스로 멈출 줄 모르는 사람들이었고, 모두가 그렇게 절벽으로 뛰어들었다.

그 이후, 지구는 침착하게 지표면에서 인간의 흔적을 최대한 지우고, 살아남은 생명체들의 상처를 치유해 주고 있었다.

인간이 만들어내는 소리가 멎으니 자연이 마음 놓고 소리 내기 시작했다. 차 소리와 음악 소리에 묻혀서 안 들렸던 코요테 울음소리나 땅강아지 소리는 밤에 잠을 못 이루게 할 정도로 시끄러웠다. 휑한 곳에 부는 바람 소리두 귀가 머먹할 정도로 커질 수 있단 걸 나는 너무 늦게 깨달았다.

비록 나는 인간 없이 살 수 없게 날개가 잘린 애완 새지만 나의 후손들은 인간 없는 지구에서 날갯짓을 할 수 있을 것이다. 폐허가 된 건물 사이로 자라나는 나무는 그들의 보금자리가 되어줄 것이다.

도마

도마는 숱한 것들이 잘릴 때 묵묵히 자기 자리를 지켰다. 베이고 상처가 나더라도 도마는 결코 본인이 토막 나는 일은 없었다. 도마 위에선 많은 것들이 죽어 나가고 다져졌다. 그럴 때마다 도마 위의 것들은 도마에게 네가 없었으면 이런 일이 일어나지 않았을 거라 원망했다. 하지만 도마는 자기가 없어도 어차피 잘릴 운명이었을 것들의 외침이라 생각했다. 자르는 건 칼이다. 도마는 가만히 있을 뿐. 도마는 잘못이 없다. 도마는 아무 일도 하지 않았다. 도마는 그들이 지르는 비명 앞에 눈을 감고, 귀를 막고, 말을 아끼며 자리를 지킬 뿐이다.

하지만 도마 위에서 잘리는 것들은 마지막 순간에 자리가 되어주는 도마의 존재를 잊지 않는다. 침묵으로 일관하는 도마의 역할을 잊지 않는다.

jusst.moment

집

● ● ○ ○ ○ ● ● ●

엄마가 울기 시작하고 아빠가 언성을 높이기 시작하면 소녀는 집 밖으로 도망쳤다. 부엌 뒷문을 열고 마당을 가로질러 늪을 지나면 숲으로 가는 길이 있었다. 질척대는 울부짖음을 피해 숲에 다다르면 담담한 새소리가 소녀를 맞이했다. 나무에 등을 기대고 앉아 흔들리는 나뭇잎 사이로 간간이 비치는 하늘을 보고 있으면 시간이 꽤 잘 갔다.

싸움이 길게 갈 것 같았던 그 날, 소녀는 비가 올 것 같은 축축한 공기를 뚫고 숲으로 들어갔다. 평소보다 더 깊이 들어가 버린 소녀는 어둠 속에서 헤매게 되었다. 때맞춰 쏟아지는 폭우와 천둥 번개에 다리가 빠지고 눈이 멎을 것 같았다. 소녀는 흙탕물을 기어가며 절망했다. 후회와 두려움으로 길이 보이지 않을 때 나지막한 목소리가 어둠을 뚫고 소녀를 찾았다.

"왔구나. 기다렸어."

소녀는 목소리를 향해 고개를 돌렸다. 그곳엔 소녀보다 서너 배는 큰 까마귀가 초록색 눈을 빛내고 있었다. 바늘같이 날카롭던 빗줄기도 그 검은 깃털을 뚫지 못하고 또르르 구슬처럼 흘러내리고 있었다. 이상하게 소녀는 말하는 거대 까마귀가 두렵지 않았다. 오히려 안심됐다. 마치 예전부터 알고 있던 누군가를 만난 것 같이.

"너를 데리러 왔어. 집으로 가자."

소녀는 고개를 끄덕였다. 그리고 자리에서 일어나 무릎을 훌훌 털고 까마귀에게 다가갔다. 까마귀가 말한 집이 소녀의 엄마 아빠가 사는 집이 아니란 것은 확실했다. 하지만 그곳이 어디인지는 알 수 없었다.

그래도 소녀는 씩씩하게 까마귀가 내어준 등 위에 올라타 물을 털어내고 깃털을 잡았다. 까마귀한테서는 따뜻한 온기가 느껴졌고 소녀는 까마귀와 함께 어두운 숲을 날아올랐다. 비구름 위 하늘은 잔잔했고 어느새 별이 떠 있었다. 달빛에 비치는 까마귀의 깃털은 깊은 바다색이었다.

평범한사람이 된 이유
비상구
타코
시작과 끝
벌레

jusst.moment

평범한 사람이 된 이유

● ● ● ○ ○ ◐ ● ● ●

내가 우주에 갈 수 없는 이유는 치약 때문이다. 공부보단 말썽이 좋았던 시절, 한창 우주인이 되고 싶어 이런저런 우주 이야기를 읽거나 우주인들의 유튜브 채널을 팔로우했었다. 그런데 그중 한 우주인이 우주에서 이 닦는 걸 보여주겠다며 올린 영상을 본 뒤로 나는 우주로 갈 수 없게 되었다.

대단한 칫솔, 치약을 기대한 건 아니었다. 우주에서도 지구에서랑 똑같은 칫솔, 치약을 쓴다기에 눈곱만큼 실망했지만, 영상을 끄지 않았다. 우주인은 카프리썬 같은 물병을 꺼내 들더니 물을 한 방울 짜서 칫솔에 묻혔다. 물이 땅에 떨어지지 않고 빨대 끝에 방울처럼 떠 있는 모습은 진짜 멋졌다. 그리고 그 방울이 모세관 현상으로 빨려 올라가 칫솔을 적시는 것도 날 신나게 했다. 우주인은 그 뒤에 내가 쓰는 거랑 똑같은 치약을 꺼내더니 칫솔모에 바짝 대고 아주 약간 치약을 짜서 얹었다. 그러고는 생일 축하 노래를 두 번 부르는 시간만큼 칫솔질해야 한다며 열심히 칫솔질했다. 한참 칫솔질을 하던 그는 갑자기 심각한 표정으로 우주에서는 뱉을 곳도, 헹굴 물도 없다고 했다. 그래서 얼마나 특별하고 신기한 물건을 꺼낼까 기대하던 내가 본 것은...

그냥 치약을 꿀꺽 삼키는 우주인이었다. 꿀.꺽.

그리고 더러워진 칫솔을 씻을 곳도 없다며 입에 물을 조금 머금더니 안에 칫솔을 넣고 우물우물 씻어냈다. 물론 그 헹군 물도 꿀꺽했다. 칫솔은 그냥 다시 가방에 쑤셔 넣었고 치약은 공용이라며 공용 가방에 끼워 넣었다. 영상은 거기서 끝이 났다.

우주에도 박테리아가 있다. 그래서 이를 닦는 거다. 그런데 칫솔을 침으로 헹구고, 그 칫솔을 공용 치약에 바짝 들이대서 묻히고, 매일 치약 헹군 물을 마시다니... 그러면 대체 똥은 어떻게 싸고 몸은 어떻게 닦는 거지? 만약 토를 한다면?

그날 나는 몸살이 걸렸다. 내가 치약을 매일 먹는 우주인도 아닌데 영상을 본 것만으로 박테리아에 감염된 것 같은 기분이었다. 그렇게 난 꿈을 포기했다.

새벽 2시까지 야근을 하고 회사에서 나오면 조용한 기운이 나를 감싸 안는다. 하루 종일 하늘 한 번 못 보고 일만 하는데 이때는 간혹 하늘을 올려다보게 된다. 도시의 빛에 가려 희미한 별들을 보며 이게 뭐 하는 짓인가 싶다가도 그 생각은 자연스럽게 우주인들의 양치로 흘러간다. 그럼 갑자기 집에 가서 개운하게 양치하고 물로 헹궈내고 세면대에 뱉고 싶어진다. 오늘의 찌꺼기를 삼키지 않고 물에 흘려보내도 된다는 건 얼마나 감사한 일인가! 집으로 돌아가는 발걸음은 그렇게 조금 더 가벼워진다.

비상구

반복되고 또 반복되는 그 사람의 무기력을 듣고 있었더니 나도 바람 빠진 튜브처럼 힘이 빠졌다. 작디작은 커피잔 속 음료가 차갑게 식어갈 때쯤 나는 화장실을 간다며 자릴 떴다. 화장실 문을 잠그고 나서야 물먹은 솜처럼 흐물거리는 내 마음을 알아차렸다. 이럴 때를 대비해 가방 구석에 고이 접어두었던 비상구를 꺼냈다. 꼼꼼하게 화장실 벽에 붙인 뒤 조심스럽게 열었다. 신선한 공기. 축 처진 마음을 따뜻한 바람에 말리며 밖으로 탈출했다.

jusst.moment

타코

생의 마지막 식사로 무얼 먹고 싶은지 한 번도 고민해 본 적이 없다면 아주 무미건조한 삶을 사는 사람일 것이다. 나는 물론 그런 사람이 아니기에 마지막 식사로 무얼 먹을지 시도 때도 없이 생각을 해봤다. 기왕 죽을 거 비싼 오마카세나 미쉐린 별 세 개짜리 식당에서 디너 코스를 먹고 죽을지, 아니면 마지막이니 언제 먹어도 맛있는 쌀국수랑 버블티로 마무리할지, 그냥 깔끔하게 평양냉면과 불고기를 먹을지 그날그날 기분에 따라 다른 결론에 도달했다.

그렇기에 난 결코 내 인생 마지막 식사가 시간이 없어서 대충 카페에서 때운 말라비틀어진 블루베리 머핀이 되리라고 상상도 못 했다. 맛있는 머핀도 아니었다. 분명 며칠 된, 장사 안되는 카페에서 버리기 아까워 계속 두었던 그런 머핀이었다. 콩알만 한 냉동 블루베리가 박혀 있고, 버터는 한 덩이도 안 들어간 퍼석한 공장 머핀. (그 와중에 같이 먹은 라테의 맛도 물을 탄 것 같이 희미했다.) 대충 먹고 빨리 일을 끝낸 뒤 친구랑 저번부터 가고 싶다고 노래했던 타코 집에 가려고 했던 거였는데...

나는 차가운 아스팔트 바닥에 널브러진 내 몸을 내려다보며 타코를 생각했다. 그 집 까르니따스, 정말 맛있었을까? 왜 그걸 먹고 오는 길이 아니라 먹으러 가는 길에 사고가 난 걸까? 나는 왜 점심을 대충 때웠을까? 차라리 좀 일찍 일어나 저번에 북경루에서 사 온 냉동만두를

쪄 먹을걸. 아, 그 만두. 아직 한 개도 못 먹었는데...

정말 이렇게 끝인가? 정말? 이제 영영 아무것도 못 먹는다고? 정말?!

나는 너무 억울해서 흐느끼다 가슴에 엄청난 압박을 받고 숨을 컥컥 토해냈다.

"정신이 좀 들어요?"

흐릿한 시야에 눈에 들어온 건 구조 대원의 얼굴이었다. 나는 온몸이 박살 난 것같이 아팠지만 살아났다는 게 기뻐서 아까부터 입안에 맴돌던 단어를 내뱉었다.

"...타코..."

구조 대원은 고개를 절레절레 흔들더니 내 몸을 고정하고 들것에 실었다. 앰뷸런스에서 나는 앞으로 남은 삶의 모든 식사에 최선을 다하기로 다짐했다.

그 집 까르니따스, 소문대로 정말 맛있었으면 좋겠다!

시작과 끝

시작은 조그만 캐러멜 한 조각이었어요. 밥을 먹고 난 뒤에도 뭔지 모를 허기가 느껴져 편의점에서 작은 캐러멜 한 통을 사서 하나씩 까서 먹기 시작한 거죠. 달콤한 것이 입맛도 돌게 하고, 그러다 보니 더 맛있는 것이 먹고 싶어져 동네 제과점에서 파는 수제 과자를 먹기 시작했어요. 과자는 빵이 되었고, 빵은 케이크가 되었어요. 매일 케이크를 먹다 보니 살도 찌고 건강이 나빠졌지만, 고속도로를 달리는 트럭이 멈추기 어려운 것처럼 폭주하게 되더라고요. 케이크로도 모자라 크림을 핥아먹다가 케이크를 감싼 종이도 먹고, 케이크를 담고 있는 통도 먹게 됐어요. 그 뒤론 접시도 먹고, 냅킨도 먹고, 급기야는 우리 집 테이블도 씹어 먹기 시작했어요. 처음엔 당연히 이상했죠. 하지만 편견을 버리니 점차 즐기게 되더라고요.

저는 점점 거대해졌고 못 먹는 것도 없게 되었어요. 소파도 먹고, 침대도 먹고, 전자제품들도 먹기 시작했어요. TV, 컴퓨터는 한번 작동하고 약간 따끈할 때 맛있어요, 냉장고는 차가울 때 먹어야 제 맛이고요. 거울은 생긴 거랑 다르게 사골 같은 깊은 맛이 난다니까요? 집에 먹을 게 더 남아있지 않자 벽과 문을 먹기 시작했는데 바삭바삭하니 웨하스 같더라고요. 집을 다 먹어 치우고 난 뒤 나는 너무 커져서 수시로 배가 고팠어요. 그래서 밖으로 나가 나무도 먹고,

자동차도 먹고, 다른 집과 건물들을 먹기 시작했어요. 쭉 걸으면서 오는 길에 보이는 건 다 먹었어요. 그래도 배는 계속 고팠어요.

그러다 여기까지 오게 된 거예요. 다들 여기 숨어 있었네요? 괜찮아요. 나는 사람은 안 먹어요. 그렇지만 당신들이 사는 이 건물은 맛있겠네요. 이건 좀 아껴먹어야 할 것 같아요. 이걸 다 먹으면 지구에는 더 먹을 게 남아있지 않을 거거든요. 이다음엔 어떡할 거냐고요? 글쎄요. 아마도 그냥 지구를 한꺼번에 꿀꺽하고 수성부터 시작해서 태양계를 먹는 것도 좋지 않을까요? 우주는 넓으니까 먹을 건 많을 거예요. 나는 아직도 쑥쑥 자라고 있는 데다가 끔찍하게 배가 고프니까 아마 멈추지 않고 계속 먹을 거예요. 네? 다 먹으면 그땐 어떡하냐고요? 그런 일은 그때 가서 생각하려고요. 미리 걱정하면 배가 더 고프거든요. 뭐든지 그냥 현재 끌리는 대로 하는 게 제일 속 편한 거예요. 생각은 일단 다 먹고 난 뒤에 할게요.

벌레

처음 바스락거리는 소리를 들었을 땐 잘못 들은 거로 생각했다. 하지만 명확하게 소리가 계속 나자 등골이 서늘해졌다. 받아들이고 싶지 않았지만, 책상 위 은행 영수증에서 나는 소리 같았다. 선풍기 바람에 영수증이 펄럭이는 거로 생각하고 싶었지만 내 작은 선풍기는 창가를 향해 있었다. 덜덜 떨리는 손으로 두꺼운 잡지를 무기 삼아 영수증 쪽으로 다가갔다. 용기를 내서 슬쩍 보니 그냥 보기에도 꽤 긴 다리가 보였다. 난 비명이 나올 것 같은 입을 틀어막고 잡지를 공중으로 들어 올렸다. 그리고 눈을 꽉 닫은 채 영수증 위를 팍팍 내리쳤다. 침묵이 흘렀다. 난 아주 조심스럽게 영수증 밑을 들여다봤고 거기엔 볼품없이 찌그러진 인간이 납작하게 눌려있었다. 꽤 큰 놈이었다. 끔찍한 광경이 꿈에 나올까 난 서둘러 휴지를 뭉텅이로 뽑아 시체를 들어 올렸다. 혹시 살아나거나 떨어뜨릴까 봐 급하게 화장실로 달려갔다. 변기통에 인간이 묻은 휴지를 흘려보내고도 두 번 더 물을 내리고서야 긴장이 풀렸다. 거울을 보니 내 더듬이에 송골송골 땀이 맺혀 있었다. 인간은 나보다 한참 작은 놈들이지만 도망갈 때 두 발로 타닷타닷 뛰어다니는 그 모양새나 소리가 너무 징그럽다. 언제쯤이면 나도 인간 없는 집에서 살 수 있을까? 이젠 바스락거리는 소리만 들어도 소름이 끼친다.

사일러스와 비누

선택

알

대화

물

jusst.moment

사일러스와 비누

열세 살에 시골로 전학 온 나에게 제일 먼저 말을 걸어준 친구는 사일러스였다. 사일러스는 곱슬곱슬한 밤색 머리의 작고 통통한 아이였다. 그가 제일 처음 나에게 했던 말은 "너 이 냄새 좋아?" 였다.

우리는 수학 시간에 옆에 앉아 있었다. 사일러스가 빈손을 계속 내밀고 있길래 눈치껏 그 애의 손을 킁킁 냄새 맡았다. 그의 손에선 비누 냄새가 났다. 난 고개를 저었다. 사일러스는 어깨를 으쓱하더니 "냄새는 별로여도 맛은 좋아."라고 했다.

나는 곧 사일러스가 비누를 먹기 좋아한다는 걸 알게 됐다. 사일러스가 물비누를 핥아먹거나 고체 비누를 씹어 먹을 때 그냥 옆에서 지켜보는 게 내 일상이 됐다. 그 애는 한 번도 나에게 비누를 권하진 않았다. 아마 그게 이상한 행동이란 걸 아는 것 같았다. 하지만 내가 보는 앞에서 비누를 먹으며 맛을 말해주는 건 좋아했다. 그리고 나도 그 거품진 맛을 상상하는 걸 좋아했다.

특별히 생각나는 비누는 학교 화장실마다 있던 싸구려 핑크색 물비누였다. 그걸로 손을 닦고 갈색 페이퍼타월로 물기를 닦으면 특유의 냄새가 손에 뱄다.

"이건 체리 맛이 나. 진짜 체리 말고, 풍선껌에 쓸법한 인위적인 체리 맛

말이야. 아마 둘이 똑같은 거로 만들걸?"

사일러스가 혀로 날름날름 손바닥에 담긴 핑크색 비누를 핥아먹는 걸 보며 나는 키득키득 웃었다.

"리암! 너 뭐 하는 짓이야?"

그날 로스 선생님이 사일러스가 비누 먹는 걸 보신 이후로 난 사일러스를 만나지 못하게 됐다. 어른들은 내가 사일러스 때문에 비누를 먹게 되었다고 생각했다. 내가 아니라 사일러스가 비누를 먹은 거고, 나는 그냥 보기만 한 거라고 아무리 말해도 그들은 믿지 않았다.

성인이 된 지금도 역시 나는 비누는 먹지 않는다. 하지만 사일러스는 아직도 비누를 먹는다. 사일러스는 곱슬곱슬한 밤색 머리의 작고 통통한 아이다. 열세 살이고, 나의 오랜 친구다. 나는 아직도 사일러스가 싸구려 핑크 비누를 손바닥에 올려놓고 핥아먹는 걸 보며 키득키득 웃는다.

선택

모든 게 다 내 탓 같다고 했지? 그 말을 듣고 입술을 꾹 깨물었지만 실은 맞아. 모두 다 내 탓이야. 처음 만났을 때부터 지금까지 너의 운명은 내 손가락 끝에 있었어. 넌 내 선택에 따라 나를 좋아하게 될 운명이었고, 나는 호기심에 너를 여기까지 끌고 온 거야. 나는 재미로 너에게 고통을 주기도 하고, 전략상 사랑을 느끼게 하기도 했지. 처음엔 나도 어떻게 끝날지 몰랐지만, 이번엔 이렇게 될 줄 알고 있었어. 그래도 네 표정이 어떨지, 네 목소리가 어떻게 떨릴지 너무 궁금해서 한 번 해본 거야. 전에 몇 번 널 여기 데려왔을 때보다 지금 엔딩이 제일 마음에 든다. 다음에도 아마 네가 짓고 있는 그 표정 또 보고 싶어서 너에게 말을 걸 거야. 그럼 넌 늘 그랬듯이 나에게 첫눈에 반해 선택을 맡기겠지. 기다려. 다음엔 다른 모습으로 널 찾아갈게.

알

베이비시터에게 예지 같은 아이는 축복이다. 생떼 한번 안 부리고 얌전히 혼자서도 잘 노는 아이는 드물기 때문이다. 나는 정원에서 예지가 혼자 뛰노는 모습을 지켜보며 책을 읽고 있었다. 책에 정신이 팔려 묘한 조용함을 느낀 건 이미 늦은 오후였다. 책을 내려놓으니 풀밭에 앉아 무언가에 집중하고 있는 예지가 눈에 들어왔다.

예지는 작은 새 둥지를 손에 들고 있었다. 그곳에는 내 손가락 마디만 한 알 네 개가 있었지만 이미 두 개는 깨진 듯 보였다.

"예지야, 그건 어디서 났어?"

예지는 대답 없이 깨진 알에서 새어 나온 액체를 만지고 있었다.

"그러면 안 돼!"

내가 말렸지만, 예지는 날 똑바로 쳐다봤다.

"알은 다 없애야 한다고 그랬어요."

"누가?"

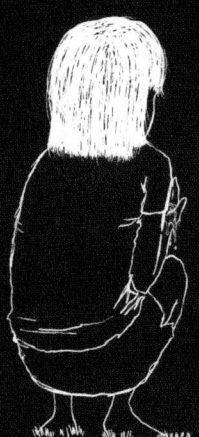

"부모님이요."

그럴 리가… 내가 머뭇거리는 순간 아이는 나머지 두 개의 알도 조그만 손으로 콰직 부숴버렸다. 그 안에는 반쯤 깃털과 부리가 형성된 작은 새들이 움찔거리고 있었다. 나는 경악해 뒷걸음질 쳤다.

나무 위에선 둥지와 알을 잃은 어미 새와 아비 새가 정신없이 날아다니고 있었다. 예지는 아무것도 모르는 얼굴로 바스락거리는 껍데기를 만지고 있었다. 비명 같은 새소리가 내가 내는 건지 새들이 내는 건지 구별이 되지 않았다.

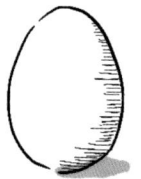

대화

A와 Z는 엉킨 실타래를 가운데 두고 서로 마주 보고 앉아있었다.

A는 Z의 얼굴을 보니 밀물처럼 하고 싶은 말이 밀려왔지만, Z가 먼저 입을 열어서 입을 다물었다.

Z는 A에게 말을 하고 싶은 기분은 아니었지만 그래도 해야 한다는 걸 알았다. 그래서 기다란 가시덩굴 같은 말들을 단전에서부터 끌어올렸는데 그때마다 오장 육부가 긁히는 기분이었다.

가만히 Z의 말을 듣고 있던 A는 하고 싶었던 말들이 썰물처럼 쏙 들어가 버렸다. 조금 기다리면 다시 밀려오지 않을까 했지만 찾아온 건 가뭄뿐이었다.

Z는 또 입을 꾹 닫아버린 A에게 진절머리가 났다. A도 분명 Z가 이렇게 고통스럽게 말을 꺼내는 게 보일 텐데 그것에 대한 반응조차 없다는 것이 일말의 희망도, 예의도 없는 것 같았다. Z는 끄집어내던 긴 가시덤불을 꾸역꾸역 다시 삼켰다.

Z의 침묵에 A는 무언가 얘기해야 할 것 같았다. 하지만 아무리 쥐어짜도

Z의 마음을 녹여줄 말은 나오지 않았다. 전에 하고 싶었던 말들을 다시 꺼내 보려 했지만, 그것들은 이미 지나간 바람처럼 더는 의미가 없었다.

A는 목이 말라붙어 버렸고, Z는 피를 흘리고 있었다. 엉킨 실타래의 시작과 끝을 찾을 수가 없던 그들은 결국 줄이 끊어질 때까지 반대 방향으로 뛰는 수밖에 없다는 걸 깨닫고 있었다.

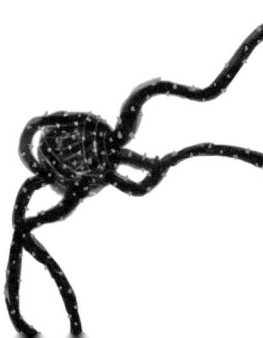

비가 부슬부슬 내리던 날. 내 친구 릴리를 기다리던 나는 젖지 않으려 책방에 들어갔다. 안은 생각보다 컸다. 책들은 높은 책장 가득 빼곡히 꽂혀있었고 책방은 축축하고 오래된 냄새가 났다. 책장의 미로 끝에는 나무로 만든 계산대가 있었다. 그런데 계산을 돕고 있는 건 Ramones 티셔츠를 입은 안경 낀 멧돼지였다. 그 앞엔 정장을 입은 양 손님이 책을 사고 있었다. 그들은 나를 힐끗 쳐다보더니 시큰둥하게 다시 하던 일에 집중했다.

나는 어리둥절해서 주변을 둘러봤다. 두리번거리다 가시를 세우고 노려보는 작은 고슴도치 손님에게 걸려 넘어질 뻔했다. 난 흠칫 놀라 뒤로 물러났다. 책들은 모두 알 수 없는 언어로 쓰여 있었다. 하나같이 오래된 책들 같았다. 뭔가 소름이 돋아 고개를 돌리니 페도라를 쓴 플라밍고가 날 지긋이 바라보고 있었다. 내 본능이 이곳을 벗어나야 한다고 소리치고 있었다.

서둘러 문 쪽으로 몸을 틀어 움직이는데 이상하게 문이 점점 멀어지는 것 같았다. 다리에 힘이 빠지고 모든 게 나보다 커졌다. 온몸이 땀으로 젖기 시작했고 그 땀에 미끄러져 뒤로 자빠졌다. 플라밍고가 가까이 다가와 넘어진 날 내려다보더니 집어삼킬 것 같이 크게 입을 벌렸다. 그때 멧돼지가 플라밍고를 옆으로 밀더니 나를 손으로 들어 올렸다. 난 숨이 막혔다. 온몸이 나무껍질처럼 갈라지고 있었다. 멧돼지가 날 물속에 넣어주자 숨이 온몸으로 스며들었다.

다시 정신을 차렸을 때 내가 마주한 건 유리에 비친 낯선 내 모습이었다. 난 눈이 튀어나온 검정 금붕어가 되어 있었다. 난 울기 시작했지만 내 눈은 이미 잔뜩 젖어 있었다. 잠시 후 문이 열리더니 누군가 서점으로 들어왔다. 릴리였다. 나는 안된다고 외쳤지만, 나의 비명은 물에 잠겼다. 릴리는 내 쪽으로 다가왔다. 몸을 움직여 릴리를 향해 헤엄쳤다. 릴리의 커다란 눈이 어항을 가득 비췄다.

"나야 나!"

내가 외쳤지만 내 입에선 뻐끔거리는 공기 방울밖에 나오지 않았다.

기적적으로 알아들은 건지 릴리는 손을 뻗어 물속에 담갔다. 난 릴리의 가냘픈 손에 온몸을 비비며 헤엄쳤다. 갑자기 날카로운 고통이 날 꿰뚫었다. 릴리의 손에서 날카로운 손톱이 튀어나와 있었다. 어항 너머 릴리의 눈은 아름다운 노란색으로 변해있었다. 릴리는 예쁜 오렌지색 고양이었다.

"딱 한 입 거리였네."

릴리가 중얼거리며 날 물 밖으로 꺼냈다. 릴리는 입을 크게 벌렸다. 이빨이 뾰족뾰족했다. 릴리가 손톱을 쏙 집어넣었고, 난 심연으로 추락했다.

무아의 세상
보라
여자와 구름
버스 욕조
꿈
극

무아의 세상

지친 몸을 이끌고 도착한 곳은 별빛 쏟아지는 소금 호수였다. 별빛이 얕은 물에 반사되어 디스코장 바닥처럼 일렁이며 반짝였다. 굳은 피와 먼지로 범벅이 된 신발은 그 반짝이는 물에 차츰 젖어갔고, 무아는 어지러움에 눈을 뜰 수 없을 지경이었다. 바람의 중얼거림뿐인 이 사막에 찰박이는 작은 소리가 들린 것은 그때였다. 반짝이는 호수를 건너 다가온 건 하마를 끌고 온 조그마한 꼬마였다. 꼬마는 호수만큼이나 맑고 큰 눈동자로 무아를 쳐다보더니 어린아이답지 않은 말투로 말했다.

"하늘에 무언가가 없는데 어찌 자기 생각만 하나?"

무아는 눈살을 찌푸리며 고개를 갸웃거렸다.

"하기야 오늘은 주인이 없어도 이리 밝은 밤이니 자네가 눈치채지 못하는 것도 이해는 가지."

꼬마의 말에 무아는 하늘을 올려다봤다. 그제야 달이 없다는 걸 깨달았다.

"크게 실망하지는 말게. 그럴 일도 아니고. 길은 잃으면 다시 찾으면 되는 거야."

"무슨 말이에요?"

무아의 질문에 꼬마는 웃으며 하마를 쓰다듬었다. 하마가 순한 말처럼 가만히 있었는데 어찌 보면 웃고 있는 것 같기도 했다. 평화로운 모습에 얼을 빼놓고 있자 꼬마가 덥석 무아의 손을 잡았다. 차갑고 작은 손아귀에 무아가 움찔거리며 손을 빼내려 하자 꼬마가 단호한 표정으로 저지했다. 입술을 달싹이며 무언가 말을 하려 했지만, 아무 소리도 내지 못한 무아가 그 자리에 무릎을 꿇었다. 무릎에 소금이 푹신 와닿았다. 바지가 다 젖었지만, 전혀 차갑지 않았다. 꼬마의 눈 속에는 메아리가 담겨 있었다. 고요함이 가득 찬 세계였다. 무아의 손이 떨리고 눈앞이 흐려졌다.

"참 많이도 돌아왔구나. 그래도 찾아서 다행이야."

눈꼬리를 접어 웃으며 꼬마가 말했다. 작고 연약한 손을 움켜쥐고 얼굴로 가져간 무아는 고요 속에서 그동안 참았던 숨을 토해냈다. 생전 처음으로 가슴으로 깊이 숨을 들이마실 수 있게 되었다.

일렁이는 별빛 호수는 순식간에 무아의 가슴께까지 차서 머리끝까지 집어삼킨 뒤 깊은 동굴처럼 포근한 고요와 자유를 주었다. 무아는 물속에서 별들이 자신과 한데 뒤섞여 소용돌이를 만드는 것을 바라봤다.

꼬마와 하마의 모습은 사라졌지만, 무아는 그들이 가까이 있다는 것을 느낄 수 있었다.

새로 눈을 뜬 세상은 무아가 본 것 중 가장 밝은 달이 떠 있는 곳이었다.

jusst.moment

보라

렌과 나는 택시를 타고 절벽 위에 있는 레스토랑으로 향하고 있었다. 절벽은 조각칼로 베어낸 듯 날카롭고 높았고, 보라색과 파란색이 유화처럼 뒤섞인 해 질 녘 하늘은 초현실주의 작품 같았다. 마법 같은 분위기의 하늘은 시간이 흐를수록 점점 진한 보라색이 되었다. 감탄하며 창밖을 쳐다보느라 바쁜 나에 비해 렌은 차분했다. 나는 장난스럽게 "이거 분위기 너무 로맨틱한 거 아냐?" 하며 렌을 바라봤다. 그 말에 렌은 그저 헛헛한 웃음을 지을 뿐이었다. 나도 덩달아 웃었지만 조금 실망스러운 건 어쩔 수 없었다. 택시가 급커브를 돌 때는 우리 몸이 기울어졌다. 몇 번 기울어지다 보니 어느덧 절벽 위에 다다라 아래로 넘실거리는 바다를 볼 수 있었다.

레스토랑은 하얗고 낭만적인 남국의 빌라 같았다. 마티스 그림처럼 화려하고 인상 깊었다. 넓은 창과 뚫린 천장으로 해가 지고 있는 하늘이 보였다. 활활 타는 것 같은 보라색 하늘엔 은하수가 끝도 없이 펼쳐져 있었다. 난 우릴 위해 예약된 하얀 식탁보가 깔린 네모난 테이블에 앉았다. 렌에게 경치를 양보하려 내 옆자리에 앉으라고 했다. 하지만 옆 테이블에 앉은 커플도 코너에 붙어 앉은 걸 의식한 렌은 내 건너편에 앉았다. 섭섭함을 감추려고 난 더 밝게 미소를 지어 보였다.

보라색이 우릴 집어삼킬 것처럼 아름다웠다. 황홀한 빛에 취해 어지럽기까지 했다. 렌의 하얀 셔츠가 그의 갈색 피부에 잘 어울렸다.

"우리 뭐 먹을까?"

입을 열자마자 알람 소리에 모든 게 깜깜해졌다. 눈을 뜨고 생각했다. 렌도 내가 갑자기 사라져서 당황했을까? 아니면 또 일어난 일이라고 담담했을까? 보라색 하늘이 일렁이는 하얀 레스토랑. 그곳에 흰 셔츠를 입은 렌은 영원히 혼자 네모난 하얀 테이블에 덩그러니 앉아 있겠지.

여자와 구름

바닥에 젖은 옷을 잠시 놔두었다. 잠시 후 옷을 치우자 바닥이 썩어서 구멍이 뚫려 있었다. 옷이 있던 자리를 따라 구멍이 꽤 크게 나서 아래층이 보였다. 구멍을 내려다보니 아래층에 사는 여자가 죽은 듯이 똑바로 누워 낮잠을 자고 있었다. 계속 쳐다보고 있자니 섬뜩한 기분이 들어 고갤 돌려 창문을 내다봤다. 밖에는 하얀 뭉게구름이 평화롭게 떠 있었는데 모든 걸 집어삼킬 만큼 까만 구름이 빠른 속도로 따라잡고 있었다. 묘하게 흰 구름들이 점점 커지며 가까워지는 기분이 들더니 갑자기 까만 구름이 내 창문을 향해 돌진했다. 나는 무서워서 도망가려 했지만, 온몸이 얼어붙었다.

jusst.moment

버스 욕조

새집으로 이사를 왔는데 집이 전혀 정리가 안 되어 있었고 온통 더러웠다. 도저히 어디서부터 치워야 할지 엄두가 나지 않아 일단 화장실에 들어가 좀 씻으려고 했는데 욕조가 있을 자리에 누군가 버스를 버려두고 가서 씻을 수가 없었다. 그래도 꼭 샤워를 하고 싶었던 나는 버스에 물을 받기 시작했다. 물을 다 받고 나니 버스의 더러운 바닥이 눈에 들어왔다. 차마 맨발로 더러운 바닥을 밟고 싶지 않아서 아기방에 깔아놓는 놀이방 매트를 버스 바닥에 깔고 들어가 샤워했다. 내가 샤워하는 동안 버스는 달리기 시작해 다른 정류장으로 향했다. 다른 사람들이 버스에 타기 전에 빨리 샤워를 마쳐야겠다고 생각했다. 하지만 다음 정류장은 생각보다 멀었고 나는 달리는 버스 안에서 길고 여유로운 샤워를 할 수 있었다.

꿈

복잡한 밤하늘을 누비다 장난감이 가득 쌓인 백화점에서 길을 잃고 헤맸다. 주먹만 한 벌이 윙윙거리며 귓가를 맴돌아 손으로 '탁' 쳤더니 옆집 베일리가 왈왈 짖으며 품에 안겼다. 시나몬 향이 코끝을 간지럽히다가 하늘이 푸른빛으로 밝아오더니 타닷타닷 빗소리가 들렸다. 내 몸은 젖지 않는 걸 보니 나는 실내에 있었나 보다. 빗소리는 점점 또렷해졌지만, 주변은 더 조용해졌다. 한쪽 구석이 은은하게 빛이 났다. 눈을 뜨니 천장이 보이고 엄마가 조그만 책상 조명에 의지해 조용히 자판을 치고 있었다.

"엄마, 왜 안 자?"

잠에 잠긴 내 목소리가 낯설다. 엄마는 순간 물에서 나온 사람처럼 숨을 들이켜더니 문서를 저장한다. 뒤를 돌아 나를 바라보는 얼굴은 피곤해 보였지만 눈은 즐거운 모험을 다녀온 사람 같다.

"우리 애기 깼어? 엄마가 깨웠니? 미안해. 어서 더 자."

나는 고개를 끄덕이며 다시 부드러운 이불에 얼굴을 묻는다.

"나 괜찮아. 엄마 글 더 써."

잠이 바로 오지는 않았지만, 나는 코 고는 소릴 내며 잠이 든 척했다. 엄마는 잠시 숨을 죽이며 자리를 지키다 내가 잠이 든 것 같아 보이자 다시 자판을 치기 시작했다. 그 빗소리를 들으며 나는 다시 복잡한 밤하늘을 향해 날아올랐다.

극

오후의 게으른 햇빛. 묵직한 책 냄새. 사근사근 페이지 넘기는 소리. 높은 천장만큼 켜켜이 시간이 쌓인 공간이지만 공기에 떠다니는 건 먼지 같은 설렘. 기다란 창으로 쏟아지는 정돈된 빛을 보며 나는 이곳이 꿈이라는 것을 안다. 꿈속에 간직된 찰나였던 순간.

흔히들 꿈에서는 자유롭다고 하지만 나는 아니다. 하도 봐서 다음 대사를 미리 아는 영화처럼, 다시 플레이해도 매번 똑같은 선택을 하고 마는 게임처럼 나는 늘 같은 행동을 한다.

먼저 높은 책장 뒤에 가려진 공간에 낡은 가죽 소파를 찾는다. 이곳은 항상 비어있다. 자리를 잡고 바로 옆에 꽂힌 밤처럼 까만 책을 찾아 늘 읽던 부분을 펼친다. 네 번째 페이지를 다 읽을 때쯤 등 뒤에 인기척이 느껴진다. 하지만 나는 책의 내용에 너무 빠져 고개를 들지 않는다. 너의 망설임이 그림자에서 느껴지지만, 책상이 넘어갈 때 같이 지나간다. 뒤늦게 늦여름 바람 냄새를 맡은 나는 고개를 들고, 벌써 저만치 멀어진 너의 뒷모습을 바라본다.

꿈에서도 우린 쓰인 대로 행동한다. 누구 하나라도 뒤를 돌아보면 달라질 걸 알면서도 매번 똑같은 틀 안에서 같은 연극을 한다. 너도 깨어나면 박수 없는 무대 위에 고이 놓인 빈 껍데기를 발견하는지 궁금하다.

식물의 도시
돌멩이의 도시
산책의 도시
물과 땅의 도시
틀
틈

그동안 나는 우주 인류학자로서 라니아케아 초은하단 내에 꽤 흥미로운 행성 도시를 방문해왔다. 특이한 도시에는 특이한 만남이 기다리는 법. 그중 기억에 남는 만남 몇 개를 이번 기회를 빌려 나의 친애하는 독자들에게 소개하고자 한다.

* 몇몇 주민들의 요청으로 도시의 자세한 위치는 알리지 않는 것에 대해 미리 양해를 구한다.

식물의 도시

얼핏 보면 지구의 숲 같다. 정글 같기도 하다. 이곳의 건물들은 살아있다. 기둥은 살아있는 나무줄기이고, 벽은 광합성을 하는 잎이다. 도시는 제멋대로 생긴 것 같지만 자세히 보면 패턴이 있고, 조용한 것 같지만 모두가 집중하고 있는 소리가 들린다. 아무도 없는 것 같아도 모든 게 바삐 움직이고 있는 커다란 도시다.

이곳의 주민들은 지구의 식물들과 거의 흡사하다. 간혹 꽤 크기가 크거나 색이 희한하기도 하지만 특별히 낯설지는 않다. 지구의 식물들과 마찬가지로 인간과 대화를 나누지는 못한다. 하지만 주민들끼리는 서로 페로몬으로 의사소통할 수 있다고 추정된다. 주민들을 식량으로 섭취하는 것은 재판 없는 사형으로 처벌되는 큰 범죄이므로 관광객들은 미리 먹을 것을 챙겨가야 한다 (되도록 오해가 없도록 가공식품이나 동물성 식품을 챙겨가자).

이곳에서 기억에 남는 주민은 거대 아스파라거스 숲 옆에 자리 잡은 보라색 해바라기다. 나는 특별히 튼튼해 보이는 아스파라거스 아래 텐트를 치고 지냈다. 보라색 해바라기들이 아름답게 자리를 잡은 명당이었다. 해바라기들이 다 하늘을 향해 고개를 들고 있을 때 한 해바라기가 약간 다른 쪽을 바라보고 있었지만, 그때까지만 해도 별생각은 없었다. 그 해바라기는 매일 조금씩 움직였다. 그리고 며칠이 지나자 완전히 내 쪽으로 얼굴을 돌린 것이다. 그제야 나는 이 별에 있는 주민도 이방인에 대한 궁금증을 갖고 있다는 걸 알게 되었다. 나에게 관심을 준 것에 대한 보답으로 나는 지구에서 가져온 작은 소라고둥 껍데기를 해바라기 아래에 두었다.

비록 다음날 떠나야 했지만, 나는 그 해바라기 주민이 며칠이 걸려서라도 줄기 아래 놓인 소라 껍데기를 바라보았을 거라고 확신한다.

돌멩이의 도시

한동안 우주여행 좀 다녔다는 사람들 사이에서 말하는 보라색 돌멩이를 반려'돌'물로 데려오는 게 유행했던 적이 있다. 처음에 난 말하는 돌멩이가 사는 도시가 있다는 말을 믿지 않았지만, 연구실에서 재잘재잘 말하는 돌을 본 후로 나도 꼭 그 별에 가서 나만의 반려돌을 데려오고 싶다는 꿈이 생겼다.

반은 바다, 반은 땅으로 이루어진 이 작은 별은 조그만 보라색 돌멩이로 가득 차 있다. 다양한 채도의 보라색에 모양도 가지각색인 이들은 관광객이 다가가면 크게 소리를 치기 시작한다.

"날 데려가! 내 무늬가 가장 화려해!"

"내가 제일 뾰족하고 귀엽지 않아? 날 고르지 않으면 넌 평생 불행할 거야!"

"제발 나를 데려가 줘! 여기 계속 있다가는 가루가 되어 죽어버릴 거야!"

유혹하든, 협박하든, 부탁하든 돌멩이들은 끔찍하게 시끄럽다. 다행히 나는 미리 이어 플러그를 준비해 가서 그들의 외침을 한낱 어수선한 웅얼거림으로 넘길 수 있었다. 주민들이 우는소리만 아니면 그곳은 매우 아름다운 도시다. 끝없는 바다와 끝없는 보랏빛 땅. 오렌지색 달이 뜨는 곳. 이렇다 할 건물 하나 없이도 그 도시는 지구가 가진 언어로 형용할 수 없을 만큼 아름답다.

나는 일부러 해변에서 떨어진 깊숙한 돌무더기에서 묵직한 돌을 하나 골랐다. 울퉁불퉁 모난 돌. 난 가망이 없는 누군가에게 기회를 줄 수 있다는 희망에 부풀어 그 돌을 들고 우주선으로 돌아갔다. 그런데 이어 플러그를 빼자마자 들리는 건 서럽게 우는 울음소리였다.

"왜 날 골랐어?!"

쩌렁쩌렁 울리는 원망에 난 주춤했다.

"아니, 너희는 다 떠나고 싶은 거 아니었어? 위에 있는 놈들보다 너한테 기회가 적을 것 같아서 일부러 널 고른 건데."

"내가 얼마나 많은 바람과 지진과 파도를 버텨서 그 자리까지 간 건데... 넌 나의 삶을 통째로 부정했어!"

당연히 고마워할 줄 알았던 돌멩이가 날 원망하자 나는 당황했다.

그리고 창피해졌다. 서둘러 돌을 데리고 다시 나갔다. 미처 이어 플러그도 챙기지 못했다. 시끄러운 모두의 목소리에 머리가 터질 것 같았다. 방향도 모르고 뛰어서 도착한 아무 돌무더기에 손을 깊숙이 넣고 돌을 넣어줬다. 그리고 뒤도 돌아보지 않고 우주선으로 뛰었다. 등 뒤로 부탁, 원망, 저주, 분노가 쏟아졌다.

나는 이제 지구의 말 못 하는 작은 돌멩이도 함부로 대하지 않는다.

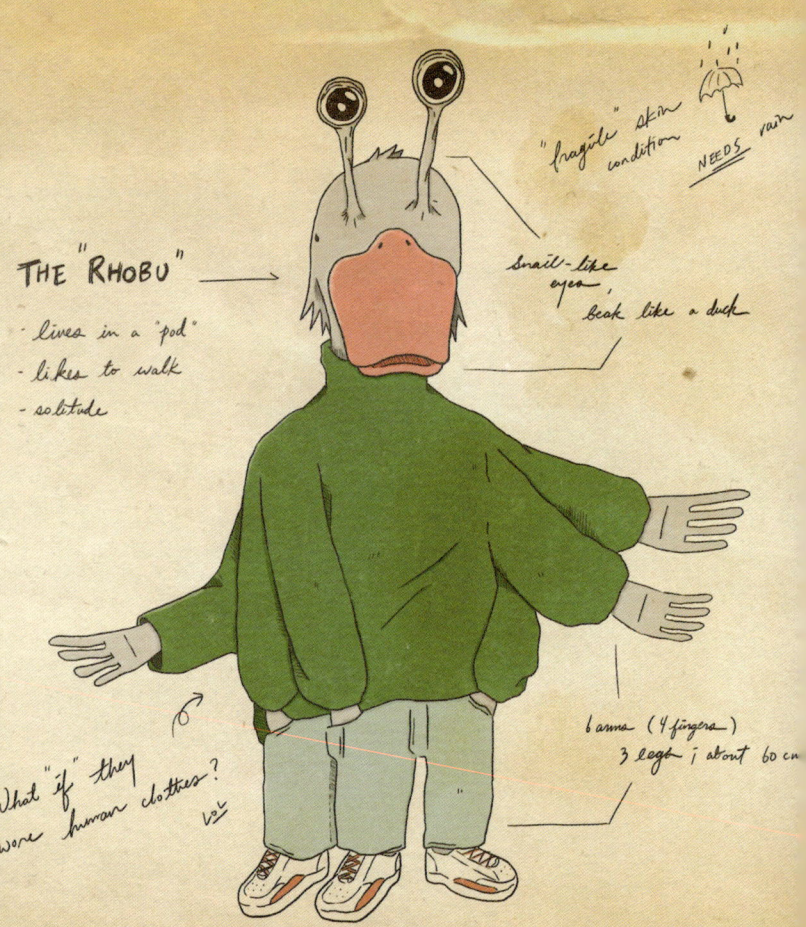

산책의 도시

우주를 오래 떠돌다 보면 지구가 그리워지는 걸 넘어 낯설어질 때가 온다. 특히나 지구에서 기다리는 사람도, 집도 없다면 그 시기는 조금 더 빨리 온다. 창밖으로 보이는 무섭도록 까만 풍경과 중력 장치가 가동되기 전 찰나의 붕 뜨는 현기증도 적응되면 편해진다. 오히려 지구가 가진 중력의 무게가 두려워지고, 사람들과 부대낌을 참을 수 없게 된다. 그러면 또 몇 달 안에 우주로 떠나게 되고, 점차 돌아오는 횟수가 줄어드는 것이다.

로브족들은 매일 산책하는 종족으로 유명하다. 그들은 60cm 정도 되는 신장, 오리와 달팽이가 합쳐진 것 같은 얼굴, 그리고 세 개의 다리와 여섯 개의 팔을 가졌다. 우주에서 제일 개인주의적인 이들은 알에서 태어나자마자 포드라 불리는 작은 주거 공간에서 혼자 산다. 체외수정을 하므로 번식을 목적으로 만나지도 않는다. 평생 자신이 아닌 다른 개체와 거의 교류 없이 지낸다.

이런 로브족도 서로를 마주칠 수밖에 없는 때가 있는데 그건 바로 산책할 때이다. 신선한 비를 맞지 않으면 피부가 말라버리는 로브족에게 비 오는 시간 산책은 반드시 해야 하는 것이다. 각자의 포드는 한 명만 걸을 수 있는 길로 이어져 있다. 도시는 덕분에 아주 복잡한 거미줄

같은 길로 이루어져 있다. 이 행성은 아침에 한번 반드시 비가 오기 때문에 그때 나가면 주민 대다수를 만나 볼 수 있다.

혼자 우주선에서 러닝머신을 뛰던 게 지겨워진 나도 이 산책의 도시에서 걸어보기로 했다. 주민들은 각자의 길로 걸었고 눈을 마주치지 않고 지나쳐갔다. 나도 최대한 조심스럽게 작은 길을 벗어나지 않게 걸었다. 그들이 무슨 생각을 하며 산책하는지 알 길은 없었지만 차가운 비를 맞으니 어릴 적 살던 동네가 생각났다. 그곳에서 비를 쫄딱 맞으면서도 목이 쉴 때까지 같이 놀던 친구가 떠올랐다.

옛 추억은 잠시 지구가 그리워지게 했다. 하지만 우주에 있다는 핑계로 멈춰놓은 관계들이 다시 시작된다는 게 내키지 않았다. 내가 없던 시간 동안 바뀌고 낯설어진 모습을 찾는 게 무서웠다.

점차 꼬리를 물며 커지던 생각을 멈추게 한 건 내 앞에 선 작은 로브족 아이였다. 그 애의 산책길을 내가 걷고 있던 것이었다. 나는 옆으로 비켜섰지만 아이는 별일 아니란 듯이 뒤로 돌아서 왔던 길을 되돌아갔다. 그 애가 작은 점이 될 때까지 난 빗속에 서 있었다. 그리고 비가 잦아들 때쯤 나도 뒤로 돌았다. 지나왔던 길도 앞에 마주하니 다른 풍경으로 기다리고 있었다.

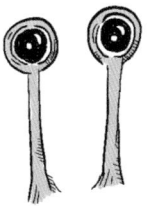

물과 땅의 도시

한때 우주에서 가장 세련되고 앞서가던 수중 도시였지만 이제 이곳은 죽어가는 도시다. 태양의 노화 때문에 기온이 올라가 해수면이 점점 낮아져 주민들이 살 수 있는 면적이 줄어들고 있다. 증발한 수증기는 하늘에서 폭풍으로 변해 파도가 끊이질 않는다. 아무리 최첨단 기술을 가지고 있는 이곳 주민들도 자연 현상은 막을 수 없었다.

원래 살던 슈이족이나 이므족같은 수중 종족 중 떠날 수 있는 자들은 이미 다 떠났다. 점점 드러나는 육지엔 다른 별에서 육지 종족들이 이민 오기 시작했다. 엄청난 기온과 끊임없는 폭풍을 견뎌야 하지만 이곳까지 온 이들은 달리 갈 곳이 없는 자들이다.

오직 암보족같이 물과 뭍을 자유자재로 왔다 갔다 할 수 있는 종족만이 이 상황을 기회로 삼았다. 그들은 뭍으로 드러난 땅을 헐값에 수중 주민에게 사들인 뒤, 육시 이민자에게 판다. 이민자들은 돌아갈 연료도 살 수 없을 만큼 가난하므로 우주선까지 팔아가면서 땅을 사게 된다.

수중 주민 중 특히 젊고 분노한 이들은 테러리스트 그룹을 만들어 물 근처로 오는 이들에게 무차별 총격을 가하기도 한다. 최근에는 육지에 폭탄을 던진 적도 있다.

물에 우주선을 댄 나는 수중 경찰에게 제지당했다. 늘 외부인을 환영하던 도시는 너무 위험하단 이유로 더 이상 외부인을 받지 않는다고 했다.

할 수 없이 연료만 채우고 가겠다고 하자 물속에서 나이 든 암보족이 연료통을 들고나왔다. 그는 주유 내내 나를 힐끗힐끗 쳐다봤다. 인간을 처음 봐서 그런 건가 했는데 그가 경찰의 눈을 피해 작은 어항을 건네줬다.

"데려가 줘요. 물이 있는 곳 어디든지 풀어만 주면 둘이 알아서 잘 살 거예요. 제발 부탁해요. 여기는 애들의 미래가 없어요."

어항을 들여다보니 어린 슈이족 아이 둘이 있었다. 알에서 태어난 지 60일도 안 된 아이들 같았다.

"암보족이 슈이족 아이들을 걱정하는 이유가 뭐예요?"

나의 질문에 그는 나를 노려봤다.

"그게 뭐가 중요해요? 이곳은 아이들이 살 곳이 못 돼요. 빨리요, 들키기 전에."

말하기가 무섭게 멀지 않은 곳에서 총소리가 났다. 나는 어항을 받았다.

아이들과 난 꽤 오랜 시간을 함께했다. 아이들의 어항이 너무 작아졌을 때 난 조용한 호수가 있는 별에 그들을 보내주었다. 달이 두 개 뜬 날, 아이들은 노래를 부르며 물속으로 사라졌다. 가만히 들어보니 내가 밤마다 불러주던 지구의 자장가였다.

- 라니아케아 초은하단 도시 보고서 마침.

틀

루카스는 아무리 봐도 진짜 사람 같았다. 하은은 파마산 치즈를 갈고 있는 루카스의 옆에서 와인을 홀짝이며 그의 가지런한 손끝, 근육 잡힌 팔뚝, 넓고 큰 가슴, 깨끗한 피부, 내리깐 속눈썹을 차례차례 감상하며 미소를 삼켰다.

"하은님, 와인을 좀 천천히 마시는 게 좋을 것 같습니다. 갑자기 심장 박동 수가 높아졌어요."

자신을 향한 루카스의 걱정 어린 목소리에 하은은 잔을 내려놓고 웃었다.

"글쎄. 알코올 때문만은 아닌 것 같아."

"그렇습니까? 그래도 식사 준비가 거의 다 되어가니 천천히 드세요."

"그럴게."

루카스는 하은을 위해 토마토와 케일 파스타를 준비했다. 그 위에 로스팅한 호두와 캐러멜라이징 한 펜넬, 그리고 파마산 치즈를 토핑했는데 오미를 한꺼번에 만족시켜주는 맛이었다.

"루카스, 이건 대체 어디서 난 레시피야?"

"며칠 전 하은님이 유튜브에서 구독하신 '일상이 행복해지는 건강 음식'이라는 채널에서 찾은 127번째 레시피인데 맛이 어떤가요?"

"너무 맛있어! 4.5점!"

"4.5점. 리뷰 등록되었습니다. 하은님이 주시는 리뷰는 앞으로 하은님의 입맛에 더 맞는 레시피를 찾는 데 도움이 될..."

"그런 틀에 박힌 얘기 이제 하지 않아도 돼. 다 알았으니까."

"네, 알겠습니다. 앞으로는 리뷰를 남겨주실 때 안내 말씀을 안 들으시는 걸로 설정하겠습니다."

하은은 파스타를 먹으며 루카스를 바라봤다. 루카스는 혼자 식사하는 하은이 이색하지 않게 맞은편에 앉아서 안경을 끼고 책을 읽고 있었다. 루카스는 이미 이 세상 모든 책을 다 다운받았기 때문에 독서를 하지 않아도 됐지만 하은이 혼자 먹는 걸 어색해서 책을 읽는 척을 하도록 설정되어 있었다. 안경을 끼는 이유도 순전히 하은의 취향 때문이었다.

"근데 루카스, 넌 음식을 못 먹잖아? 네가 생각하기엔 토마토가 무슨 맛일 것 같아?"

루카스는 고개를 들고 안경을 내렸다. 하은은 그 모습에 얼굴을 붉혔다.

"토마토는 안 익으면 새콤하고, 익을수록 달고 농익은 감칠맛이 납니다."

"아니, 그런 틀에 박힌 말 말고. 정말 네가 생각하기에 어떨 거 같아?"

루카스는 잠시 말이 없었다.

"글쎄요, 저에게 맛을 느끼는 감각은 없지만 보통의 익은 토마토는 산도가 4.5 정도 되니까 아무래도…"

"아니, 루카스. 그런 거 말고. 먹으면 어떤 기분일 것 같아? 너의 기분 말이야."

루카스는 하은을 조용히 쳐다봤다. 어린애처럼 눈을 반짝이고 있는 하은을 보며 루카스는 작은 미소를 지었다.

"기계인 저는 토마토를 먹으면 고장이 날 것이기에 먹으면 기분이 안 좋을 것 같습니다. 비 오는 날 진흙탕을 밟는 것 같은 느낌이라고나 할까요? 하지만 제가 만약…"

하은의 심장 박동이 올라갔다.

"…인간이라면 저는 토마토를 먹고 기분이 좋다고 느낄 것 같습니다. 저는 식물을 좋아하거든요. 키우고 보는 것도 좋으니 먹을 수 있다면 아마 더 좋지 않을까 하는 생각이 듭니다."

"그렇구나. 식물을 좋아하는구나, 루카스는."

"네."

하은은 포크로 토마토를 쿡 찍어 입에 가져갔다. 우물우물 토마토를 씹으며 그 맛을 음미했다.

"나도 좋아해, 토마토."

하은이 다시 조용히 먹는 것에 집중하자 루카스는 다시 안경을 쓰고 책을 읽는 척했다. 대화가 부재한 공기 중에 조금의 어색함을 감지하자 루카스는 잔잔한 클래식 음악을 틀어 그 공간을 메꿨다.

"루카스, 음악은?"

"음악이 마음에 안 드십니까? 허락 없이 켜서 죄송합니다."

"아니, 음악은 어떤 걸 좋아해? 넌 내가 좋아하는 음악만 틀잖아. 네가 좋아하는 음악은 어떤 거야?"

"전 하은님이 좋아하시는 음악은 다 좋아해요."

"그럼, 그중에서 제일 좋아하는 건?"

"Brian Eno의 Ambient 시리즈를 좋아합니다."

"정말? 나도 그런데."

물론 그 앨범 시리즈는 하은이 제일 많이 신청한 음악이었다. 루카스는 그걸 알고 있었고, 하은도 루카스가 그래서 얘기한 걸 알았다. 하은은 자연스럽게 틀어져 있던 클래식 음악이 Ambient 1로 바뀌는 걸 눈치챘지만, 모른 척했다. 음악 덕에 남은 저녁을 다 먹는 동안 눈에 띄는 어색함은 없었다.

"잘 먹었어, 루카스."

"식사 다하셨습니까? 디저트를 내올까요?"

"아니야. 오늘은 일찍 잘래. 씻고 방에 있을 테니 이것들 좀 치워줄래?"

"물론이죠, 하은님."

하은은 일어나 화장실로 향했다. 루카스는 일어나 테이블에서 그릇들을 치웠다. 음악은 어느새 다음 곡으로 넘어갔다. 루카스는 음악을 끄려다 설거지하는 동안 틀어놓기로 했다. 와인잔을 씻고 파스타를 담았던 그릇을 닦으려는데 하은이 남긴 토마토 한 조각이 눈에 띄었다. 하은이 물을 틀고 씻는 소리가 들렸다. 루카스는 토마토를 손가락으로 집어 올렸다. 덜 익어서 약간 딱딱한 조각은 산도가 높았다. 루카스는 하은이 싫어하는 것 정보에 덜 익은 토마토를 기록했다. 기록을 마치고 루카스는 잠시 토마토를 바라봤다. 이탈리아에서 5월에 수확된 로마 토마토였다. 빨갛고 껍질이 얇았다. 루카스는 토마토 조각을 조심스럽게 입에 가져갔다. 미뢰가 없는 인공 혀와 딱딱한 입천장으로 토마토를 으깨자 물이 흘러나왔다. 손가락을 입에 넣어 으깨진 토마토를 끄집어냈다. 루카스는 토마토를 음식물 쓰레기통에 넣고 설거지를 마저 했다.

/ jusst.moment

틈

하은에게 남자친구가 생겼다. 찬우는 키가 보통이고, 비쩍 마르고, 머리숱이 적었지만 성실하고 착했다. 그리고 사람이었다.

찬우는 일주일에 서너 번 놀러 왔다. 하은은 찬우가 좋아하는 김치볶음밥을 저녁으로 내오라고 했고 루카스는 하은을 위해 찬우가 좋아하는 김치볶음밥을 내왔다.

루카스는 하은과 찬우가 같이 밥을 먹는 날에는 하은 앞에서 책을 읽는 척을 하지 않았다. 잔잔한 음악을 틀어준 뒤 혼자 거실에 앉아 있거나 하은의 방을 정리했다.

하은과 찬우는 대화를 나누고, 식사를 하고, 같이 웃었다. 그리고 루카스의 눈치를 살피며 방문을 잠그고 들어갔다. 닫힌 방 안에서 하은의 심장박동 수가 올라가고 숨이 가빠져도 걱정하지 않아도 된다는 걸 루카스는 알았다. 루카스는 하은의 남자친구에 대해 많은 생각을 하지 않았다. 으레 인간들이 하는 일이라고 배웠다. 제아무리 만물의 영장인 인간이라도 자연의 섭리에 따라 짝을 짓고, 새끼를 낳아 결국은 죽을 수밖에 없는 자신의 존재를 상속할 개체를 만들어내도록 프로그래밍된 것이었다. 하은도 그런 인간일 뿐이었고 루카스는 그걸 이해했다.

하은이 더 이상 루카스에게 나눠줄 수 있는 관심과 신경이 없다는 것도 받아들였다.

계절이 몇 번 바뀌었다. 찬우의 물건들이 하은 방의 명당 자릴 차지하기 시작했다. 루카스는 오늘은 특별히 하은이 제일 좋아하는 메뉴를 차려달라는 찬우의 부탁에, 예전에 하은이 좋아했던 토마토 케일 파스타를 준비했다. 아침부터 유기농 농장에서 신선한 재료를 시켰고, 하은이 좋아하는 와인도 준비했다. 하은은 완벽하게 준비된 저녁상을 보더니 찬우에게 고맙다고 했다. 루카스는 Brian Eno의 Ambient 1 음반을 배경으로 틀고 자리를 떴다.

"사랑해, 하은아."

찬우의 갑작스러운 고백에 하은은 말이 없었다.

"이 얘길 오늘 꼭 해주고 싶었어. 나 사랑한다는 말 가볍게 하는 사람 아니거든. 그래서 용기가 필요했어. 이렇게 특별히 분위기 잡고 얘기한 것도 이번이 처음이야. 그래서 좀 쑥스럽지만, 그만큼 진심이야."

"고마워 찬우야. 나도... 사랑해."

가벼운 입맞춤 소리는 쓸쓸한 음악에 묻혔다. 루카스는 아까부터 일정한 하은의 심장박동 수를 세고 있었다. 61...62...63... 하은이 소파에 앉아 평화로운 자연 다큐를 보고 있을 때 나오는 숫자였다.

저녁을 다 먹고 둘은 디저트를 건너뛰고 곧바로 방으로 향했다. 루카스는 말없이 그릇을 치웠다. 이번에는 완벽하게 토마토를 익혀서 그랬는지 하은은 아무것도 남기지 않았다.

새벽 2시 반쯤 방문이 열리더니 피곤해 보이는 하은이 잠옷 차림으로 나왔다. 루카스는 충전용 의자에 앉아 있다가 인기척을 느끼고 일어났다.

"앉아 있어. 그냥 나 물이 좀 마시고 싶어서."

그래도 루카스는 일어나 정수기 물을 따라서 하은에게 건네주었다.

"고마워, 루카스."

하은은 부엌 의자에 걸터앉아 물을 마셨고 루카스는 그 앞에 앉아 하은이 물 마시는 걸 지켜봤다. 루카스는 그때그때 필요한 말만 하도록 프로그래밍 되어 있었다. 루카스의 말은 중요하지 않거나 의미가 없는 것은 없었다. 그런데 그 순간 루카스의 입에서 튀어나온 질문은 그때 필요한 말이 아니었다.

"아까 왜 찬우님이 사랑한다고 하셨을 때 심장이 빠르게 뛰지 않으신 건가요?"

루카스는 무례한 질문에 하은이 화를 내거나 크게 웃을 거로 생각했다. 하지만 인간은 가끔 예측할 수 없는 반응을 보였다. 루카스가 자기의 입에서 무슨 말이 튀어나올지 몰랐던 것처럼. 하은은 갑자기 울기 시작했다. 폐부에서부터 올라오는 설움을 감지한 루카스는 재빠르게 하은의 바이탈을 체크했다. 혈중알코올 농도가 높은 것도 아니었고, 어디가 아픈 것도 아니었다. 눈물을 닦아주고, 왜 그런지 물어보고, 위안이 되는 명언을 말해주라는 매뉴얼이 있었지만, 루카스는 처음으로 어떻게 해야 할지 모르겠단 생각이 들었다. 그래서 그냥 손을 뻗어 안아주었다. 하은은 루카스의 차가운 팔을 붙들고 그의 단단한 몸을 끌어안았다. 울음소리는 점점 잦아들었다.

"같이 늙어갈 사람 하나는 있어야 할 것 같았어. 나는 늙고 추해지는데 너는 항상 이대로잖아. 나를 사랑해서 같이 늙어 죽을 사람이 인생에 하나는 있어야 하는 거 아냐?"

루카스는 뭐라고 말을 해야 할지 몰랐다. 방대한 전 세계의 데이터를 다 뒤져도 이럴 땐 뭐라고 해야 하는지 답을 찾을 수 없었다. '저도 부품이 오래되면 바꾸지 않을게요.' '하은님이 죽기 전에 제 배터리를 뽑아 주세요.' 여러 말이 머릿속에서 맴돌았지만, 루카스가 겨우 뱉어낸 말은 한마디였다.

"사랑해요, 하은님."

루카스의 말은 중요하지 않거나 의미가 없는 것은 없었다. 하은의 두 손은 루카스를 꼭 안아주었고, 숨은 차분해졌고, 심장박동은 올라갔다.

작가의 말

4년 전만 해도 전 세계에 전염병이 창궐해서 모두의 삶이 영원히 바뀔 거라는 건 아무도 상상하지 못했다. 2019년 당시 나는 엘에이에서 석사를 딴지 얼마 안 돼 프리랜서 필름메이커로 고군분투하는 중이었다. 두루마리 휴지가 사라진 가게 매대와 감기약을 사러 텅 빈 약국을 좀비처럼 서성이는 사람들을 보고 흔한 아포칼립스 영화의 도입부가 생각났다. 일거리가 끊긴 나는 결국 엘에이 생활을 접고 귀국해야 했다.

혼자 살다가 다시 부모님 집에 얹혀사는 백수가 된 나는 '동물의 숲' 친구들과 노는 시간을 빼면 우울하고 무기력한 나날을 보내고 있었다. 마침 회사를 그만두고 프리랜서가 된 지 얼마 안 됐던 동생도 비슷한 심정이었던지 무언가를 같이 해보는 게 어떻겠냐고 물었다. 내가 글을 쓰면 자기가 그림을 그려 매주 인스타그램에 연재해 보지 않겠냐는 제안이었다. 나는 글을 쓰고 싶었고, 동생은 일러스트를 연습하고 싶었던 상황이라 누이 좋고 아우 좋은 콜라보는 그렇게 시작됐다.

나는 한국어와 영어로 글을 썼고, 동생은 그에 맞는 움직이는 그림을 그린 후 음악을 골라 영상을 만들어 올렸다. 서로의 글과 그림에 대해서 간섭은 하지 않았다. 내 맘대로 글을 쓰고, 동생 맘대로 그림을 그렸다. 계정 이름은 내 영어 이름과 동생의 이름을 합쳐 '순간 읽을 수 있는 짧은 이야기'란 뜻으로 져스트 모먼트(jusst.moment)라고 지었다.

지금까지 우리는 매주 월요일마다 세 번밖에 쉬지 않고 포스팅을 올렸다. 160개가 넘는 작품을 올리는 동안 팔로워도 엄청나게 늘었다고 얘기하고 싶지만, 현실은 영화 같은 기승전결이 있지는 않았다. 팔로워 수가 포스팅 수를 넘는 일은 일어나지 않았고, 2년을 꾸준히 했는데도 그러자 슬럼프가 왔다. 하지만 매주 무언가를 해내는 것이 우리의 글과 그림 실력에 도움이 됐고, 다른 일을 할 때도 좋은 베이스가 됐기 때문에 우린 이 작업을 계속했다. 어느 정도 작품이 쌓이자 이걸 책으로 내보고 싶다는 염원이 생겨 그동안 쓴 작품을 추려 책으로 엮게 되었다.

<글을 쓰는 이유>를 쓸 때만 해도 우리의 글과 그림은 인터넷에 떠돌다 언젠가 잊힐 거로 생각했다. 하지만 이제 우리가 만든 책이 ISBN이 찍혀 국회 도서관에 저장이 된다고 생각하니 무척 감격스럽다. 누가 본다고? 누가 산다고? 이 모든 게 시간과 자원 낭비라고 생각하기 쉽지만, 우리처럼 아무도 보지 않는 곳에서 꾸준히 창의적인 일을 해 본 사람들은 이해힐 것이다. 창작은 우리 자신을 위한 행위일지라도 그것을 세상에 포스팅하고 출판하는 순간 누군가 봐주어야 의미가 있다.

우리가 몇 년 동안 써오고 그려온 이 작은 이야기들이 지하철에서, 학교에서, 회사에서, 집에서, 여행지에서, 병원에서, 비행기에서, 카페에서 누군가에게 읽히고, 보이고, 기억된다면 더 바랄 것이 없다.

끝으로 이 책이 출판되기까지 인터넷 안팎에서 우리의 글과 그림을 읽고, 봐주시고, 따뜻한 코멘트 달아주신 분들, 그리고 조언과 도움 주셨던 모든 분께 감사를 전한다.

저자 서상아

이 책에 실린 글과 그림은 2020년 5월부터 지금까지 인스타그램에 저희가 연재했던 작품 중 일부입니다. 인스타그램 계정을 방문하시면 음악과 함께 움직이는 포맷으로 감상하실수 있을 뿐 아니라 영어 버전의 글과 영상도 함께 보실 수 있습니다.

instagram: @jusst.moment

평범한 사람이 된 이유

초판 1쇄 발행 2023년 11월 6일

지은이	서상아
그 림	서상구
발행인	이승연
편 집	서상아 · 서상구
교 정	마찬옥
디자인	studio exit
펴낸곳	㈜구름산책
주 소	경기도 성남시 분당구 판교역로 221
이메일	gooroomwalk@gmail.com
홈페이지	www.gooroomwalk.com
ISBN	979-11-982057-7-3

copyright © 서상아 · 서상구, 2023, Printed in Korea

※ 이 책의 본문은 '을유1945' 서체를 사용했습니다.
※ 파본은 구입하신 곳에서 교환해 드립니다.
※ 책값은 표지 뒷면에 있습니다.
※ 저자와 출판사 허락 없이 내용 일부를 인용하거나 발췌하는 것을 금합니다.